Why Our Minds Wander
Understand the Science
and Learn How to Focus Your Thoughts

分心的科學，從不由自主到靜觀引導，
鍛鍊持久的專注力

Arnaud Delorme Ph.D.
阿諾・德洛姆博士ーー著　謝明珊ーー譯

推薦序

　　說到人類的存在，我們最熟悉也最難以捉摸的層面是意識流。人的內心世界，有無數種展現方式，每天不盡相同。這經常害我們分心，忘了正事，並踏上意外的旅程，頓時身在意想不到之處（例如早就該轉彎，卻繼續往前開了幾哩路）。我們常常沉浸於幻想，不時冒出黑暗的念頭。醒著的時候，一直有念頭浮現，但其本質卻難以掌握。知名哲學家兼心理學家威廉・詹姆斯（William James, 1890）早在一個世紀前就觀察到了，「嘗試自省分析⋯⋯就像抓住一顆旋轉的陀螺，試圖捕捉它某一刻的動態，或像快速打開煤氣燈，試圖一睹黑暗的真面目」。[1]

1　James, W (1890). *The Principles of Psychology*, New York, Holt, p244.

思緒隨意飄散,讓內省(introspection)變得困難,對科學研究來說也是一大挑戰。在上個世紀,有好長一段時間,行為科學家始終認為意識流是無法分析的。一直到1960年代初期,一小群勇敢的科學家開始研究意識流,探索心智如何偏離手邊的任務。然而「走神」(mind wandering,編按:即心神漫遊)的主題,大致仍被主流學術圈所忽視,因為太難以捉摸,無法進行嚴謹的科學研究。值得注意的是,只要翻閱十多年前的心理學書籍,甚至是認知心理學(專門研究思維領域)的教科書,根本不提走神,但我們醒著的時候,卻有多達50％的時間都在走神。

　　然而,近年來,關於走神的研究大幅增加。正如德洛姆的這本好書中所詳述的,我們現在總算更明白何時會分心,以及分心的原理與原因。生活中的許多事不只有一個定義,走神的概念也是如此,沒有一種定義可以囊括所有情況。儘管如此,人們只要接受適當的指導,就能夠主動回報自己的注意力是集中在手上的任務,還是飄向無關的念頭。我們能夠做出這種非常基本的自省

判斷，確認思緒的焦點是放在內部或外部，這促進了走神的科學研究。現在，研究人員明確證實，雖然內省並不容易，但個人確實能夠辨別自己是在走神，還是專心做正事，無論從行為或神經科學來看，這兩種狀態都存在許多差異。

德洛姆憑藉這些卓越的新研究，帶領大家踏上一段奇妙的旅程，解釋了我們都非常熟悉，卻不夠了解的心理狀態，讓我們得以找到這些問題的答案：什麼是走神，該如何辨識？正在走神時，頭腦處於什麼狀態？思緒飄忽不定，對於表現和情緒有什麼影響？我們的心會飄到哪些主題？在什麼情況下最容易走神，又是為什麼？走神是不是問題，如果是，有什麼方法可以克制？如果真的有問題，為什麼我們經常走神？這種不起眼的心態，到底有沒有潛在的價值？

德洛姆提供嚴謹卻淺顯易懂的科學觀點，來解釋走神的現象，還分享許多寶貴的哲學見解和啟示，讓我們活得更幸福、更充實。他指出，思緒所反映出來的，不

僅僅是「頭腦機器」的運作，目前主流的神經科學家通常忽視這種觀點，但少數知名的哲學家和科學家（例如上面提到的威廉‧詹姆斯），對此深信不疑。人類的意識或許不是大腦所生成，反之，頭腦的角色更像是換能器，負責捕捉意識場，就像是收音機負責接收電磁波。這種說法仍認為意識要靠頭腦引導（如果收音機壞了，可是會嚴重扭曲信號），不過，至少讓我們領悟到，走神背後的因子有可能超出主流科學的研究範圍。

德洛姆看待意識與頭腦的關係有別於一般人（我倒是覺得耳目一新），讀者閱讀本書時，不一定要接受他的觀點，也可以獲得深刻的智慧。在整本書中，分享了一系列強大的技巧和練習，讓我們更熟悉自己走神的心，並學會高效管理。我們會見識到靜觀的力量，學到一些基本技巧，避免念頭凌駕於我們之上（提示：某個念頭浮現了，我們不一定要接受）。我們會學習認知重構（Cognitive Restructuring）的大原則，以免陷入災難化思考的深淵。我們會探索一些寶貴的方法，並學會與身體合作，把念頭化為圖像，加強後設覺察（meta-awareness，即時認清自己當下的想法）。我們還會接觸一系列鮮為人知的方法，例如幸福的技巧（happiness technique），有助於發現根深蒂固的謬誤，讓我們真正獲得幸福。此外，還有輕敲法（tapping technique），只要利用兩根手指頭輕敲身體，就可以擺脫令人受困的念頭。

讀完本書，你將對每天造訪的內在領域有全新的理解，雖然這是你熟悉的地標，但是會換一種方式駕馭它。書中提供的觀點和工具，可以幫助讀者培養兩種能力，一是有效控管自己的走神，二是覺察自己的意識流，並發現獨特的流動方式。

——喬納森・斯庫勒（Jonathan Schooler）
加州大學聖塔芭芭拉分校心理學暨腦科學傑出教授、
正念暨人類潛能中心主任

目錄

前言　　011

◆ PART 1　什麼是走神？

第 一 章　不同類型的思維　　020
第 二 章　對自己的想法　　037
第 三 章　心神漫遊的研究　　050
第 四 章　如何「測試」走神？　　060
第 五 章　想法從何而來？　　079

◆ PART 2　走神與你

第 六 章　走神時，都在想什麼？　　090
第 七 章　走神的神經科學研究　　103
第 八 章　走神、幸福和個性　　122
第 九 章　為什麼會走神？　　145

◆ PART 3　馴服心靈

第 十 章	處理揮之不去的思緒	170
第 十一 章	認知重構法	179
第 十二 章	善用思維圖表	188
第 十三 章	抑制走神的靜觀	199
第 十四 章	你的想法，並不等於你	220
第 十五 章	與身體感覺合作	228
第 十六 章	幸福的技巧	240
第 十七 章	處理難以控制的思緒	247

結語	259
致謝	262
參考資料	264
延伸資源	278

前言

　　瑪麗正在讀書，思緒飄向最近去夏威夷度假的事。她想像自己回到海灘上，於是困在那段記憶裡，她的雙眼還盯著書本，卻沒有意識到自己早已停止閱讀。過了一段時間，她回過神來，突然看不懂書中的內容。因為她分心了，必須翻回去重讀。瑪麗在做白日夢，或者用專業術語來說，就是「心神漫遊」。雖然她本來打算要看書，思緒卻不在閱讀上。為什麼會這樣？為什麼她一邊閱讀，一邊做白日夢，而不直接放下書本，閉上眼睛，好好回憶假期？

　　約翰壓力很大。他在社群媒體偶然讀到，靜觀有放鬆的效果，所以他決定每天撥出15分鐘，嘗試簡單的呼吸靜觀。第一天，約翰用手機計時15分鐘，準備開始靜觀。起初，他所有注意力都放在感官上。他能感受到空

氣隨著呼吸進出，體會胸腔的起伏。他很專注，觀察到每個感覺。突然間，他閃過一個念頭，「真棒，好放鬆！我喜歡靜觀，清空我的思緒。」這個念頭並未停止，繼續發展下去。「這次靜觀會舒緩我所有的壓力，真受不了截稿期限和緊迫感。他們付給我的錢那麼少⋯⋯」他的思緒不停流轉。約翰沒有專心靜觀，因為他想起煩惱和工作壓力，呼吸愈來愈短淺，身體開始緊繃。他突然驚覺，「天啊！我沒有專注於呼吸，快回來靜觀！」他回到靜觀，過沒幾秒鐘，另一個念頭又浮現了，「我真是失敗！無法專心呼吸，這讓我想起了⋯⋯」他再度分心。約翰的靜觀就這樣斷斷續續，直到手機的計時器響起。為什麼約翰不能夠專心靜觀呢？是他心理有問題，或者走神才是人類的本性？

鮑比是十五歲的男孩，喜歡數學，只要他夠專心，數學成績就會很優異。問題是他似乎不願意集中注意力。鮑比沉迷於電動，感覺只有這件事可以讓他專心。

每當他該寫作業時，簡單的數學題難不倒他，但如果題目長了一點，他就做不下去。他告訴自己，是那些題目太無聊了，實際上是他的思緒無法長時間專注於解題。他閱讀題目，思考各種解法，隨即會冒出一個念頭，打斷他的思路，那可能是「晚餐吃什麼？」或者「新遊戲該破下一關了」、「這有夠無聊，我做不來」。有時候，他感到煩躁不安，一秒也坐不住。經過這些小插曲，他壓根忘了數學題目，一切又要重來，但重新解題時，同樣的情況再度發生。隨機的念頭不斷浮現，破壞鮑比的專注力，他無法有意識地控制住。

潔恩熱衷政治。她有自己的政治觀點，喜歡在網路論壇質疑別人，她認為自己永遠是對的。她就是堅信自己是對的。總統大選快到了，她把喜歡的候選人理想化，然後將其他陣營的候選人妖魔化。後來，她擁護的候選人落選，她難以置信。在她看來，其他陣營的候選人明明是惡魔，竟然勝選了。這個念頭時時刻刻都控制

著她。她希望擺脫這些念頭，因為只會徒增痛苦。然而，她無法自拔。這是一個極端的走神案例，被稱為反芻思維（rumination），也就是同一個想法反覆出現，強行進入思緒。她刻意排除這些念頭，但為什麼就是忍不住浮現呢？

本書可以解答哪些問題？

我是神經科學家，任職於加州大學聖地牙哥分校的思維科學研究所（IONS），專門研究頭腦如何處理資訊，進而產生體驗。本書探討當我們的心神漫遊，會是什麼情況？我們明明專心做某件事，為什麼忍不住做白日夢或走神？在這種情況下，頭腦是怎麼了？有什麼辦法可以妥善控制我們的思緒嗎？

走神還觸及更大的課題，包括我們的想法從何而來，以及這些想法是否等於我們？我們的存在遠遠大於

我們的想法嗎？該如何馴服我們的思緒？比如你準備閱讀這本書，周圍有東西會干擾你，你能否不動如山？如果你打算在家裡動手做點事，能否保持專注，忽略周圍的動靜，或者你特別容易分心？如果走神太嚴重，已經妨礙正常生活，沒辦法專心做正事，甚至無法發揮所有的潛力，到底該怎麼辦？

我們的想法構成我們的認同，但心智究竟是如何運作，背後的科學知識和原理，潛藏了許多奧祕，等著我們去探索。

第一部分：什麼是走神？

科學家有哪些研究走神的方法，來幫助我們洞悉走神的源頭，以明白它為什麼會製造問題，又該如何解決問題。

第二部分：走神與你

從獨特的視角來探索人類心智，思考走神包含哪些不同類型的念頭，以及有哪些相關的研究。同時，回顧研究走神的歷史，科學家如何開發各種技術，來探討情緒、注意力和個性對念頭的影響。此外，也會討論不由自主的思維（involuntary thinking），與我們生活各個層面如何交互作用。當你感到沮喪，會不自覺地有負面的念頭嗎？不由自主的思維對情緒有什麼影響？

接著，從心理學跨入神經科學，藉由腦成像技術，得知我們心有所思時，腦內是什麼情況。隨著知識的累積，我們更明瞭思維背後的神經機制，有助於開發新的方法，來防堵有問題的思維模式。這是真正引導思維，改善生活品質的關鍵。

第三部分：馴服心靈

收錄一系列方法，教大家調整走神的內容和頻率，

這是為了改善生活品質，防堵無謂的思慮。也會解釋為何要採用間接的方法，不能只是命令頭腦不去想。我會介紹幾個鍛鍊心智及克制走神的技巧，讓你過得更幸福。辯證和靜觀的練習都非常強大，可以擺脫有害的思緒，最終讓這些想法消失。一切的關鍵就在於換個角度，重新看待我們的想法，同時與身體感官密切合作，加以鍛鍊我們的心智。

到了本書結尾，你將更明白心智是如何運作，還會掌握一系列實用的方法，活出更美好的自己。

PART 1

什麼是走神？

第一章

不同類型的思維

進入正題之前,先來想一想什麼是走神?如果想不通也沒關係,因為就連專業的科學家和研究人員也摸不著頭緒,很驚訝吧!研究人員對走神的定義不盡相同。有些人把自主的思維也納入,另一派則只承認不由自主的思維。事實上,這沒有對錯。

走神的類型

不同的研究團隊,對走神有不同的看法。以下圖表,列出不同類型的思維,自主和多元的程度不一。現在我們來看看,思維可分成幾大類。

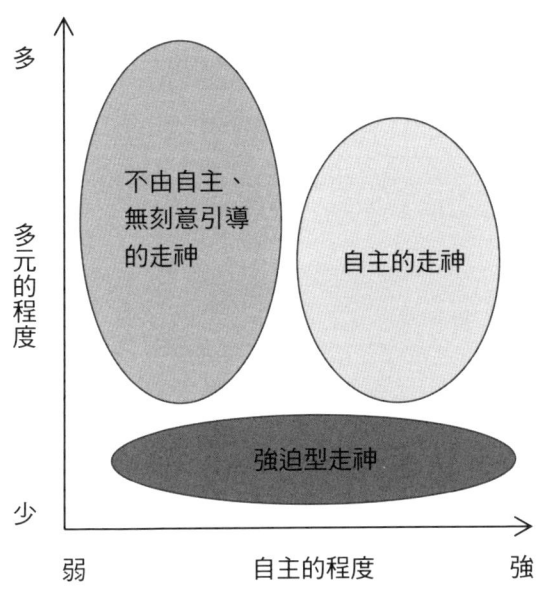

自主思維

自主思維（Intentional thought）是我們打算解決某個問題，並將心智引導至此時，所產生的目標導向思維。這類思維的內容，直接受到意志控制。比如你可能正在考慮待會去超市要買些什麼，或者打算種種花草，或是規劃事前作業，這就是自主思維。這些思維通常與

實現目標有關。

　　為什麼有些科學家會認為，自主思維也算是走神呢？思維自主或不自主，其實沒那麼容易區分。假設你在洗碗，突然想起明天的計畫，這是不由自主，還是刻意去想呢？說不定，這個念頭只是突然閃過，而你剛好在洗碗，所以聯想到食物，以及明天要去超市採買。某個想法引發了另一個想法，你可能因此想起明天還要做別的事情。似乎不容易分辨這真的是自主思維，還是因為洗碗而觸發。有些科學家甚至認為，沒有一個思維是自主的，自由意志根本不存在，關於這點我們後面章節再討論。

　　我們觀察自己的想法，會發現一些自主思維正在破壞我們的人生，雖然我們以為是自己在控制思維，有時候卻正好相反。

無心的、不由自主的思維和白日夢

自主的思維算是走神嗎？科學家莫衷一是，但大多數人都同意，無心的、不由自主的思維確實算是走神。不由自主的思維，正是瑪麗讀書及約翰靜觀時所經歷的思維。這些典型的走神都是無心的，即使努力克制，通常仍舊免不了。這些思維可能有其用處（如靈光乍現），接下來我將會解釋。

不由自主的思維，通常帶有自我中心的色彩，講述著「我的故事」，但不由自主的程度可能不盡相同。當我們執行無聊的任務，或許會接納不由自主的思維，承認是我們自己想出來的。反之，如果是需要專注的場合，尤其是做靜觀的練習，突然浮現不由自主的想法，可能會責怪自己分心。這些思緒有個共同的特徵，那就是不由自主地出現，往往不是我們刻意去想。

不由自主的思維，大多沒有意識。如果你打算靜

觀,無論有沒有人在旁邊引導,目標都是專心靜觀,但你的思緒難免會飄到別處。當你開始走神,你始終意識到自己的想法,就是忘了要專心靜觀。我們知道自己在思考,卻沒有察覺到思緒飄走。一旦我們驚覺這些想法,就會趕緊回歸手頭上的任務。不由自主的思維,與做夢有一些共通點。做夢的時候,我們知道自己在思考,卻不知道自己在做夢。大部分研究人員都同意,走神和做夢都欠缺特定的自我意識。

然而,其中一些不由自主的思維,並不會干擾我們的注意力。我特別介紹一個小類別,稱為無心的創造型思維(unintentional creative thought),我們任由這種思緒浮現,只是靜靜地觀察它漫遊的過程,以獲取特定主題的靈感。例如,寫信或訊息給朋友時,可能就會讓思緒漫遊,想想看可以寫什麼。或者畫畫時,我們通常會追隨靈感。創造型思維與直覺有關,相反地,以目標為導向的思維,通常會仰賴理性思考。然而,兩者的區

分並沒有那麼明確，有一些思維同時運用了直覺和理性思考。

至於白日夢，也可以列入不由自主的思維。我們做白日夢時，會想像自己身在愉快的情景，像是如果有無限的資源，將過著怎樣的人生：會購買的房子、展開的旅行，以及送給親朋好友的禮物。雖然有些人認為，做白日夢與走神是同樣的意思，實際上，白日夢主要是走神的其中一類，意指正向的想像。

後續內容會詳細介紹各種不由自主的思維，尤其是令我們不開心的思緒。我們會探索這些思維的根源，想一想可以怎麼遏制。雖然無法直接控制這些想法，至少可以鍛鍊自己的心，進而積極地影響它們。

外部刺激與不受外部刺激的思維

外部事件觸發的思維，例如聽到戶外的鳥叫聲，令

我想起小時候在祖父母家的花園聽見鳥鳴，以及在那裡度過美好的時光，這就是外部刺激的思維。換句話說，如果我沒有聽到鳥叫聲，可能就不會想起這些回憶。

有些研究者認為，外部刺激的思維並不算走神，有些研究者卻覺得是。如何判斷是不是外部刺激的思維呢？研究團隊會要求受試者專心做一件事，然後打斷他，問他正在想什麼，以及那段思緒的背景。如果這段思緒是由外部事件（如戶外的狗叫聲）所觸發，就算是外部刺激的思維。

然而，不太容易區分是否受到外部刺激。假設我的肚子咕嚕叫，腦袋想起了食物，這是受到外部刺激的思維嗎？我們一般人很少完全與外界隔絕，例如待在水箱裡、漂浮在水面上，或自顧自地戴著耳機。既然如此，便很難斷定哪些思維受到外部刺激，因為任何思維的發生，都可能會受到環境影響。

外部刺激的思維很重要,因為外部事件經常觸發認知反應。假設你的另一半或室友使用洗碗機後,從不拿出清洗好的碗盤,令你相當不滿;一旦看到洗碗機在運轉,這個思緒就有可能浮現在你的腦海中。隨著不滿的思緒持續累積,你可能會非常不開心。我們之後會討論如何應對外部觸發的思維,重新鍛鍊我們的心智。

與任務無關的思維

人們做一些普通或單調的事情,例如洗碗或掃樹葉,通常會開始走神。大多數人都會想著其他事情,通常與手邊的事情有關。假如你在洗碗,不自覺地想到碗盤,或者開車時想到駕駛,這些思緒都與你正在做的事有關。有些研究者認為,這就是走神,但也有研究者認為,這只是在思考手邊的事情。我再次強調,要區分並不容易。比方你開車時,想到洗碗這件事,因為你小時候,當全家開露營車出去玩,媽媽負責開車,爸爸負責洗碗。所以,對你來說,想起洗碗這件事,其實與開車

有關。你就知道有多麼難區分了。

與任務無關的思維,也值得探討。待會再來說明,如果這一類思緒太多,我們恐怕就難以集中注意力。既然這些思緒會令人分心,我將教大家如何應對,以減少它們發生。

無刻意引導的思維

思維的自主程度,主要與思維的起源有關。相反地,思維是否受到刻意的引導,必須觀察你對思緒的自主控制程度。假設你正在考慮明天要買什麼菜,接著想起買完菜之後的行程,這段思緒難道是不由自主的嗎?你有刻意引導思緒嗎?還是說,思緒就這樣「冒出來了」,你充其量只是一個有意識,但被動的觀察者?有些研究者認為,無刻意引導的思維才可以稱為走神。

一般沒有刻意引導的思維,會從某個主題跳到另一

個主題,毫無邏輯可言。例如,你正在思考明天的計畫,突然想起了童年,接著又想起電視上的體育節目。這些思緒並無關聯,順序也沒有什麼邏輯。

無刻意引導的思維也可能出現在夢中。做夢時,可能有思緒浮現,要過一會兒,我們才意識得到,但不會刻意控制思緒。這類思緒的自主程度最低,我們甚至會記不得。它看不出任何結構,從某個主題跳到另一個不相干的主題,也沒有固定的規則,因為人在不清醒的狀態,就不用接受心智的審查。你在夢中,要自稱是納粹或上帝都沒關係,甚至可以違反時間和空間法則,與過世的親人交談或在空中飛,或者假扮成別人。

基本上,做夢時都是這類思維,待會再來深談,但是人清醒的時候,無刻意引導的思維也會浮現,例如進入微睡眠(microsleep),暫時讓心休息。我們將明白,意識到這種思維及自動化思考模式,正是提升幸福

感的關鍵。

強迫型反芻思維

當思緒圍繞著相同主題，無盡地重複，就稱為強迫型思維。翻開心理保健文獻，這又稱反芻思維。反芻思維屬於不由自主的思維，介於目標導向思維及不由自主的思維之間。

為了確認是不是強迫型思維，研究人員讓受試者做重複的事情，然後中途打斷，詢問受試者正在想什麼。如果受試者老是想著同一件事，為此感到心煩、不開心，這就是反芻思維。一旦浮現反芻思維，自己通常會意識到。之前提過潔恩的例子，她反覆想起自己的政治觀點，忍不住浮現特定的人和事。而且每天一想就是數小時，害她不開心。

當我們想要控制自己的思維，通常是針對反芻思

維。你會想閱讀本書，也可能是深受反芻思維所苦，後面的章節再教大家如何應對。

＊＊＊

上述分類有助於認識走神的基本特徵。雖然研究者對於走神的定義不一，對其基本特徵倒是看法一致。回顧走神研究史，其實到了最近，研究者才開始定義走神，這就是為什麼當他們列出自以為的走神現象時，有的多一點，有的少一點，並各自提出不同的定義。

本書其餘幾章，我會採用廣義的走神，涵蓋上述所有類型的思維。在日常生活中，我們不太會區分思維的類型。當我們聆聽「心靈廣播」（mental radio），有時播放的內容剛好與手邊的事情有關，但有時就是無關，偶爾還會播放著後設思維（即對思維的看法），試圖影響其他思維，例如「我不應該想這個」或「我做事不夠專心」。

如果想好好處理自己的思維，包括自主和不由自主的思維，一切的關鍵都在於減輕思維對我們的影響，以免照單全收。人們對某個想法愈深信不疑，就愈難放下。本書將提供幾個練習，讓我們更加了解走神。以下是第一個練習，實際操作以後，你會逐漸明白自己走神時究竟發生什麼事。

練習：聆聽你的思維

　　我至今還記得，這是靜觀老師給我的第一個練習。不過，這不是在靜觀，而是要坐在桌前，聆聽自己的思維，然後寫下來。這個練習既是日常的活動，也是哲學反思，甚至會幫助你解決問題。我自己做了之後，大開眼界。請大家一起來試試：

1. 拿一張白紙和一枝筆，坐在安靜的地方，確定不會被人打擾。用智慧型手機計時10分鐘。

2. 接下來10分鐘內，將所有閃過腦海的思緒，一行一行寫下來。

3. 如果你的思緒來得快，寫字的速度趕不上，那就盡可能寫下你能寫的。

4. 10分鐘結束後，試著依照上述類別，將寫下的思緒分類：包括自主／不由自主、任務導向／與任務無關、刻意引導／無刻意引導。

　　下面是我寫的範例（刪掉一些重複的思維），另外標註了思維類型。

- 我想要聊什麼？等等，我是要覺察自己的思緒，並沒有要和別人分享（與任務相關的思維）。

- 關於我未來要開的會議，有一些非結構化的片段思維。不明確（不由自主的思維，無刻意引導的思維）。

- 我寫字的時候，桌上有東西在震動（外部刺激的思維）。

- 戶外的陽光很燦爛，我可以聽到摩托車的聲

音。那條路上有摩托車很奇怪（外部刺激的思維）。

- 好了，還剩下幾分鐘。我寫的這些東西，別人看了會覺得無聊。我要收錄在書裡面嗎？如果收錄了，別人會怎麼想？（與任務相關的思維）。

- 但我寫了各種類型的思維，真不賴（與任務相關的思維）。

- 如果要放在書裡，該如何編排？（自主的思維，目標導向的思維）。

- 在這10秒內，沒有閃過任何思緒，真奇怪（與任務相關的思維）。

- 我在揉眼睛，可是我剛摸過一些舊電池，這樣安全嗎？（外部刺激的思維）。

通常做這個練習時，會開始胡思亂想，但你寫字的速度恐怕沒那麼快。就像上面的範例，往往會閃過一大堆與任務相關的思緒：你會問自己為何要做這個練習，覺得有趣或無聊，或者擔心自己做錯了（順便一提，你只要把所有閃過的念頭都寫下，就不會出錯）。我們也會發現一些由外部環境觸發的思維。另外，有一些不由自主的思維還很模糊，尚未成形，例如想到未來要開的會議。還有一個自主的目標導向思維，就是規劃這本書的內容編排。

這個練習是為了證明我們的心智一直很活躍，而且東奔西跑。這就是心智的本質，並沒有什麼問題。雖然看起來很怪，但我們平時做事時，往往沒發覺心智忙個不停。生活就是充滿無窮無盡的思緒，除非有人叫我們刻意觀察，否則不會想到自己的心智如此活躍。既然你知道腦海中，可能會閃過各種類型的走神思維，現在該是找出源頭的時候了。

第二章

對自己的想法

我們對自己的想法和信念最有意義,這定義了我們,而走神時,腦海也會不斷閃過這些想法。有關自己的思維可以分成幾類,例如自我批評的思維、自我肯定的思維、自我懷疑的思維、自我評斷的思維、拿自己和別人比較的思維,以及自我反省的思維。自我批評的思維,可能是不看好自己的能力,例如「我不夠聰明」、「我總會搞砸事情」或「我不夠有吸引力」。至於自我肯定的思維,不僅正向,也充滿力量,例如「我有能力」、「我很堅強」或「我值得」。自我懷疑的思維,會讓我們懷疑自己,例如「我做得到嗎?」或「我做了

正確的選擇嗎？」自我評斷的思維，會批評自己的行為或行動，例如「我不該那樣講話」或者「我真是失敗」。拿自己和別人比較的思維，包括「為什麼不能像他們一樣成功？」或「真想過他們的人生」。最後，自我反省的思維，有助於理解自己的想法、感受和行為，例如「為什麼我有這種感覺？」或者「下次我可以換個作法嗎？」

　　覺察各種對自己的看法，可以更妥善地管控心理健康和幸福感，否則有一大堆負面思考，恐怕會導致自尊低落和憂鬱。相反地，正向思考會提升自信和自我價值感。本書收錄的練習，希望帶領你超越想法和信念，這樣的狀態確實讓人更平靜、更快樂、更專注。當你逐漸擺脫思維的宰制，會開始回歸真正的自己。

練習:「我是誰?」

　　心理學有一個自我揭露的練習,試著追問「我是誰」來定義自己。你可能會先說出名字,接著描述更多的細節。讓我們試試看:

1. 拿一張白紙和一枝筆,坐在安靜的地方,確定不會被人打擾。用智慧型手機計時5分鐘。

2. 現在開始寫下你認為你是誰。不一定要是完整的句子,寫一個單字也可以。像我可能會先寫「父親」,然後是「神經科學家」。

3. 當你寫下答案,開始想像有人問你:「好,再多說一點。」

4. 停下來思考30秒或更長的時間,深入思考你是誰。當你準備好了,盡量寫下你認為重要

的定義。

5. 寫完後,再回到這裡。

　　首先,你會寫下對自己的定義,例如性別、國籍、婚姻狀況、工作、教育程度。當你繼續追問「再多說一點,你是誰?」就會出現有趣的內容。此時你可能會提及一些個性特徵,例如「我很害羞」或「我是外向的人」。最終,你可能會提到存在的本質,說自己是人或靈魂,這取決於你的宗教或靈性取向。

我也做了這個練習，藉此機會，順便介紹一下我自己，以及我如何開啟走神研究。

「我曾是個孩子，如今長大成人。」

我的走神冒險旅程，其實是從七年級開始，大約十二歲時。在那之前，我夢想成為消防員，但是有一天，我在巴黎郊區的學校操場上，突然冒出一個想法：「我好想知道，為什麼我會在這裡。」我至今記憶猶新，然而過了這麼多年，我應該有把這段插曲浪漫化吧。這是一個關於個人存在的問題，對於像我這樣在西方長大的人來說，代表要研究人類的頭腦，成為腦科學家。但如果生在十二世紀，想解開這個謎題，恐怕要出家。我始終沒想通，大概是因為關乎個人存在，就算真的有答案，也不會那麼簡單易懂。

「我是科學家。」

快轉十五年，我在法國土魯斯（Toulouse）取得神

經科學博士學位,然後前往聖地牙哥的索爾克研究所（Salk Institute）繼續做研究。我身邊都是最有才華的研究員,專門研究人類的心智,但我突然驚覺我們所知甚少。我記得在一次實驗室會議上做簡報時,讓我膽戰心驚;我的同事包括法蘭西斯・克里克（Francis Crick）,他因為發現DNA而獲得諾貝爾獎,並對人類意識研究感興趣,以及知名的意識哲學家伯納德・巴爾斯（Bernard Baars）。在這些場合探討各種意識模式,讓我體會到科學終究無法解答為什麼我們會在這裡,因為這不是科學的範疇。科學只說明事情的原理,卻無法解釋原因。

「我有想法。」

其次,我不僅有意識,還有各種想法和感受。這聽起來偏向哲學,但其實相當實際。這些想法不外乎我餓了、關於未來的工作或休閒計畫,或是想和朋友聊聊天。想法通常與感受有關,我可能感到興奮、悲傷、沮

喪、滿足等,感受的強度不一。除了睡覺以外,我幾乎都在思考。我的想法和感受來來去去,有時彷彿不受控制。比如,職場上意外的加薪會讓我欣喜若狂,而突然收到稅務機關的信件,我的心情和想法又開始低落。我就像第一章提到的那些人物,偶爾也渴望清空腦袋,無奈這些思緒仍不停湧現。

然而,只要練習靜觀及本書稍後會談到的其他技巧,就會逐漸明瞭我們並不等於我們的想法。思緒來來去去,但我們不是那些來來去去的東西,而是這一切發生的背景。無論思緒的內容是什麼,都只是我們心智創造的產物。

「我是有意識的。」

我就和你一樣,也是有意識、有生命的存在。所謂「有意識」,我指的不是道德,而是覺察。我是有感知能力的人;我看著美麗的日落,會感到敬畏。這是什麼

意思呢？活著的人就會理解這種概念，但如果要向動物或電腦解釋，就很困難、甚至是不可能。我們人類憑著直覺，就可以明白。無數的哲學書籍和論文都在探討有生命和有意識的主觀感受。人類的主觀自我意識能否簡化成機械的過程，科學界仍未有定論。換句話說，我們心中的思維，難道只是大腦神經元活動的結果嗎？我們稍後再來討論這點。

人類意識是大哉問

科學界奉行簡化論（reductionist），科學大廈就像是金字塔，分成不同的層次，科學家各自在特定的層次工作。物質的最小單位是原子，原子組成分子，分子組成蛋白質，蛋白質組成細胞，細胞組成人體，人體產生意識。假設科學家約翰專門研究腦細胞，他不會好奇神經元分子與蛋白質為何如此交互作用，也不關心更高層次的人類認知。這些問題會留給其他科學家來解答。相

反地,他專注於神經元如何儲存訊息及相互交流,至於一切為何如此運轉,這個終極奧祕就交給金字塔其他層次的人。

他的作法並沒有錯。金字塔底層的粒子物理學家,無法解釋粒子為何存在及其運動形式。事實上,量子力學有一句格言,被稱為哥本哈根詮釋(Copenhagen interpretation):「快閉嘴,乖乖計算就好。」我是金字塔頂層的研究員,卻好奇頂層以下的元素,為什麼這些無意識的物質會形成人類意識。這一向被稱為「意識的難題」。為什麼?因為單憑直覺理解,大腦這種機器不可能有主觀意識。

想像我們有一款特殊相機,能夠以飛快的速度,拍攝腦部的神經元,一窺腦部神經元啟動的過程。一皮秒這麼短的時間(每秒有1,000,000,000,000皮秒),可能只發生一件事,例如某個神經元刺激另一個神經元。這

與主觀意識毫無關係,單純是生化過程,我們用那種速度拍攝,可以看到每一個生化過程。我不可能拿起魔杖,立刻叫生化反應加速,讓主觀意識奇蹟似地出現。在我的領域裡,確實有一小群科學家認為,無意識的物質不可能產生有意識的經驗。該問題備受爭議,稍後再回來討論。

我們並不等於自己的想法

科學只能夠說明事物的原理,無法解釋原因,於是我開始好奇其他研究心智的方法,特別是靜觀。靜觀的時候,會觀察心智正在做什麼。換句話說,就是從自己的內部來研究心智。我的靜觀經歷是從《靜觀入門》(*Meditation for Dummies*)一書開始,然後加入禪修中心。靜觀之後,我最先領悟到的是,我不等於我的想法,尤其是我對於情感的想法。

我可能對某個思緒深信不疑,比如怨恨某一位朋

友,但稍晚,我卻對那個思緒愈來愈無感。有時人會在幾秒鐘內瞬間轉念,我自己也經歷過,頓時讓我領悟到,幾秒鐘前那個心懷怨恨的人,並不是真正的我。只能說那個思緒完全占據我的注意力,而我有意識或無意識地選擇相信。此外,我還領悟到第二件事,我在靜觀時,大部分的時間都在走神,即使連續好幾個星期參加靜觀僻靜營,還是如此。當時神經科學界並不關注走神,於是我下定決心要在學術研究中探討該主題,深入理解整個過程。

我的職業生涯在2002年發生轉折,當時我與同事、教授們,一起討論心智運算模型的簡報。在那次簡報,我們要介紹複雜的心智運算模型,靈感源自電腦的原理。我看了簡報,隨即當著所有同事的面,提出一個問題:「假設世上有一本書,探討人腦所有的運算過程,從理論出發,解釋人類意識如何生成,這絕對是一本超級厚的書,動輒幾千頁,拿都拿不起來。」我用雙手比

劃這本超級厚的書,然後追問:「看了這本書,你對自己會有什麼看法?」當時的我特別好奇,人類這種懂得思考的生物,究竟是怎樣的存在。我的意思是,理性思考僅僅是「思考的行為」,而不等於「存在」,「存在」包含了更多東西。同事和教授們看著我,滿臉困惑,不理解我的問題。他們無法想像為何要探索人類意識,討論生化過程以外的東西。那一刻,我終於明白,我必須走出主流的學術圈,探索關於人類意識的非主流問題。

我開始和思維科學研究所合作,這是由太空人艾德加·米切爾(Edgar Mitchell)創立的研究機構,專門研究非主流的科學問題。艾德加·米切爾是成功登陸月球的十二個人之一。返回地球的途中,他頓悟了。套用他的話(Sington, 2007):

最大的喜悅是在我回家的路上。每隔兩分鐘,我從

駕駛艙窗戶可以飽覽地球、月球、太陽和整個360度的天空全景。這個經驗對我影響非常大，很強烈。我突然意識到，我體內的分子、太空船的分子、我同伴體內的分子，都是在某些古老的恆星中生成。我深深感到合一和連結；不再分別「他們和我們」，而是「這就是我！」這就是一切，一切合一。隨後我感到一陣狂喜，心想「天啊，沒錯，就是這樣。」這就是我的洞察和頓悟。

1973年，米切爾創立了思維科學研究所，並募集經費來研究這些經驗，證明這一切是真的。換句話說，人類意識是自然界的一部分，而不是幻覺，也不是機械式頭腦運算過程。如果能證明心靈感應是真實存在，就可以更進一步證明，人類意識是自然界的基本元素。本書之後會提到，這關乎思維的來源及走神的原理。現在，讓我們一起回顧有關走神的研究吧。

第三章

心神漫遊的研究

　　腦內是怎麼運作的呢?神經科學所說的,與我們感受到的不太一樣。神經科學家認為,視覺意識大約以每秒十次的速度發生(VanRullen, 2016)。你可以想見,我們的視覺皮層每秒多次掃描環境。然而,我們的體驗卻非如此;我們對時間和環境的感知,其實是連續的。難怪二十世紀初知名哈佛科學家威廉・詹姆斯教授會主張,我們必須善用內省來研究意識(James, 1890)。

　　內省的過程,可以探索自己(和他人)的思維與感知,在本章中,我們將學習科學家如何透過內省來了解心智的運作方式。接著,我還會介紹神經科學的觀點,

並整合神經科學和內省法,幫助大家理解走神的原理和原因。

猴子心

為了探索內省的起源,我們來回顧有關不由自主的思維之研究。說到不由自主的思維,可以追溯到西元四世紀的中國古籍,以及後來的日本佛經。這些經典都提到「猴子心」,意指靜觀的當下,因為不由自主的思緒,使人不斷分心。把人類的心智比喻成猴子,在樹枝間跳來跳去,心靜不下來,思緒來來去去。

中世紀基督教傳統也提到,為什麼祈禱時突然有思緒冒出來,以及該如何淨化這些思緒。舉例來說,十四世紀基督教神祕主義的文獻《不知之雲》(*The Cloud of Unknowing*)第七章提到:「祈禱時,該如何應對所有的思緒,尤其是出於好奇心、狡猾意圖和天生才智而產

生的思緒。」（Anonymous, 2018）。這部經典提醒大家，面對不由自主、隨機出現的思緒，必須心生警惕。

科學界不講「猴子心」，相反地，神經科學家尚恩－菲利普·拉紹（Jean-Philippe Lachaux）自創「心靈廣播」一詞，來描述同樣的現象：廣播一直播放著。我們的心智就像廣播，整天都在接收並安插各種主題的「想法」，「你之所以會走神，是因為腦袋老在竊竊私語。」我們聽見自己的思緒，就像聽廣播那樣，有時可以無動於衷，但有時就是會受到影響。比方你討厭的政治人物正在電視上大放厥詞，聽著聽著，你的心靈廣播就會特別活躍。在這種情況下，你聽到他說的每一句話，內心會不由自主地評論，指正他哪裡說錯了。

直到十九世紀末，科學家和心理學家才開始好奇這種現象。所謂的內省研究（詢問受試者正在想什麼），在十九世紀末達到巔峰，威廉·詹姆斯教授堪稱領導人

物。他寫道:「人類意識一直在改變。……我們正在看,正在聽;我們正在推理,我們正有此意;我們正在回憶,正在期望;我們在愛著,在恨著;我們可以從各個層面知道,心智不停地在切換。」

這類似西格蒙德・佛洛伊德(Sigmund Freud)的觀點,他針對白日夢寫了各種文章(在那個時代,走神和白日夢並未區分開來)。對佛洛伊德來說,白日夢是負面的現象,人因為匱乏,只好做白日夢來實現未完成的幻想(Freud, 1908, 1962)。

早期的研究欠缺組織架構,主要是訪談民眾或病患,然後寫成文章,我們稱為質性研究法。直到二十世紀下半葉,心理學家才想出量化的研究法及問卷來研究走神。1970年發明的「意象過程量表」(Imaginal Processes Inventory),是心理學界第一份針對走神的量表,其中詢問受試者「我是經常走神的人嗎?」等問

題,乃是一大創新,因為憑藉這類問卷,可以從數千人身上獲得是／否的答案,最終收集到一些統計數據。

二十世紀大半的時間,無論是心智和意識,或者伴隨而來的走神現象,一向是科學界的禁忌主題。行為主義學派主張,探討這些問題並不科學。對行為主義來說,腦袋形同「黑箱」,負責處理輸入的內容,然後輸出,因此思維和無意識的過程都不適合研究,唯獨觀察得到的行為,才可以列入認知研究範圍。此觀點深受兩件事影響,一是電腦誕生,二是把人腦視為精密的電腦。一般的電腦程式就是輸入數據,然後跑程式,最後輸出結果,所以只要研究輸入和輸出,就可以推斷程式的原理。

控制論:人腦與周圍的環境

到了1990年代,有一種觀點是控制論(Cybernetics):認為有機體與周圍環境密不可分,彼此形成一套複雜的

系統。大腦被視為一個黑箱，有些人以為給大腦一點刺激，觀察大腦有什麼反應就夠了。但這種看法是有問題的，因為我們周圍的環境，以及我們和別人的互動，也是認知的一部分，並不會獨立存在。控制論不僅研究生物之間的溝通，也研究生物和機器的溝通，為現代認知神經科學鋪路。於是，內省的研究再次風行。

舉個極端的例子，假設有人發動攻擊，如果要解釋攻擊者的行為，光是列舉他的人生經歷是不夠的，因為另一個有相同經歷的人，不一定會出現攻擊的行為。因此，我們還要考慮個性、心理失調的問題，以及攻擊者與受害者之間的關係類型。為了好好理解攻擊的原因，還必須訪談雙方，並且進行心理測驗。假設你的視線被遮住了，當你看到有人正在推擠路人，其實無法確定誰是真正的攻擊者，而誰是自我防衛，或者哪個人真的有攻擊性。推擠別人的那個人，可能只是想救人，讓對方閃過車禍，只是從你的視角看不到車輛。因此，關鍵就

在於意圖!

瑜伽和靜觀

　　此外,還有一個社會現象促使科學家研究走神,那就是大眾與科學家對靜觀和瑜伽的好奇。1991年,達賴喇嘛創立心智與生命研究所(Mind and Life Institute)。為了鼓勵科學界研究靜觀,該研究所聚集有靜觀習慣的佛教徒,並提供年輕科學家小額的補助金。2004年,我有幸獲得補助,研究靜觀中的走神現象,稍後會談論到該研究。而2001年7月,瑜伽科學甚至登上《時代雜誌》的封面。

　　到了2010年代初,在神經科學領域,有愈來愈多關於靜觀的研究,並且研究靜觀中不由自主的思維,這股熱潮有增無減。加州大學聖塔芭芭拉分校的教授喬納森・斯庫勒,是最早將走神的主題引進現代心理學和神經科學的人物之一,他的創新研究專門探討各種人群或

環境下的走神現象;他德高望重,是我的同事兼朋友,也特地為本書寫了推薦序。根據美國國家衛生研究院(National Institute of Health)的文章資料庫顯示,過去二十年來,有超過1,500篇關於走神的科學論文,在接下來的章節,我們會回顧一些重要的論文和研究,統整有關走神的知識。

預設模式網路

綜觀走神研究的歷史,一定要提到二十一世紀初,從神經科學岔出一條獨立的研究路線。1980年代,核磁共振技術(MRI)問世,可以檢查腦部的腫瘤,評估腦部結構有什麼問題。這套新技術不僅能發覺腦部結構的問題,還會即時呈現血液在腦部流動的3D圖像。腦內有微小的血管(稱為微血管),這些血管負責把血液和氧氣輸往活躍的腦區。微血管即時收縮和擴張,讓血液流向腦部各個區域,科學家就能夠在特定的時間內,精

準追蹤哪個腦區處於活躍狀態。這不是侵入性的技術，所以不用動手術，程序也不複雜。這是腦部研究的大革命，催生了成千上萬的研究。

一開始，研究人員會給予特定的刺激（如圖像或聲音），觀察哪些腦部區域特別活躍。在2000年，研究人員有了重大的發現：就算頭腦沒受到刺激，依然很活躍。為了探討腦部對各種任務的反應，研究人員經常把休息或不活動的時間當成基期，後來他們發現，在這段時間，受試者並非「無所事事」。相反地，受試者經歷各種認知過程，例如走神、自省和規劃。

這些新發現告訴我們，基期恐怕不是真的處在休息狀態，我們不得不切換一個角度，來看待頭腦執行任務時的狀態。雖然看起來了無新意，對於神經科學家來說，卻隱含重大的啟示，他們在2001年提出「預設模式」（default mode）一詞，現在被稱為預設模式網路

（default mode network），因為即使我們被要求不做任何事，仍會有腦區網絡活躍著。

關於這個主題，至今大約有10,000篇論文。想必你也猜到了，當我們有不由自主的思維或走神時，這個腦區網絡也會活躍著。

第四章

如何「測試」走神？

如果有一種機制可以窺探內心、洞悉人們的想法，豈不是很棒！聽起來有點怪，但確實有這樣的工具，那就是語言。我們可以利用語言，詢問別人正在想什麼，這就是科學家要做的事。他們讓受試者在家接受訪問，或者邀請受試者來實驗室執行重複的任務，因為這種情況下最容易走神。

在深入探討之前，先解釋一下什麼是科學方法，因為並非所有研究都符合科學標準。發現固定的模式和以科學方式研究是兩回事。讓我們看看不由自主的思維，比如吃了冰淇淋會有罪惡感，這種情況屬於廣義的走

神,那麼想一想,我們是否能夠將科學方法應用在這件事情上。假設站在冰淇淋攤位前,隨意地詢問十位顧客:「吃冰淇淋會有罪惡感嗎?」其中有六人回答「會」。然而,這不算科學研究,因為執行和記錄的過程都不夠嚴謹。

科學講究再現性(reproducibility),所以這必須是一個能夠重現的實驗。舉例來說,每個人聽到的問題都要一模一樣,例如「在我們交談之前,你吃冰淇淋的過程中或吃完之後,有沒有感到後悔、內疚,或者對於這件事有負面的想法?」而答案只有「是」或「否」。如果收集到一百個回覆,就可以估算多少人有特定的想法。受訪者的地理位置和人口組成,都可能影響最後的研究結果,包括受訪者的年齡、性別和教育程度,所以要記錄這些資訊。

儘管簡單,這樣就是符合科學標準,具有發表在科

學期刊上的資格。我們也許能知道在特定的人口和地點，有高達50％的人對於吃冰淇淋這件事，會不由自主地產生負面想法。運用科學方法，可以讓我們取得特定現象的數據，而非隨意猜測。此外，還要撰寫一份科學報告，列出研究方法，說明是如何收集數據並取得研究結果。再次強調，科學講究再現性，換句話說，其他科學家根據這份報告，進行一個相同的實驗，就會獲得相同的結果。

我們的頭腦正發生什麼事？

認知科學家開發了一些有趣的方法，以便在實驗室和日常生活中，深入研究走神現象，確認我們分心的時候，腦袋正在發生什麼事。其中一部分研究，透過在一天中追問自己「正在想什麼」，然後隨機記錄，來探究無意識的心理機制。此外，科學家也會邀請受試者來實驗室，讓他們按鈕以回答內心的想法。這些研究都屬於

「實驗心理學」。

心理學善用問卷調查和自然觀察（在日常生活觀察，而不是在實驗室），來研究心智和行為。心理學研究人員可能會收集問卷，根據受試者回覆的答案進行推論。例如，臨床心理學家可能設計問卷，發給酗酒者和非酗酒者填寫，研究這些人的童年經歷，而結果發現酗酒者的童年通常有創傷（Mirsal, 2004）。相反地，實驗心理學專門測量行為，而不是要求受試者填寫問卷。舉例來說，如果你喝了酒，面對緊急情況時，反應會比較慢，此時可能藉由汽車模擬器，來測量實際反應延遲了多久，這就是實驗心理學的範疇。

心理學研究走神，也會運用到神經科學方法，包括記錄腦部活動或其他生理訊號，例如心率、呼吸、體溫、皮膚導電等。我本人受過神經科學訓練，但我不僅做過問卷調查（屬於常規心理學），也會記錄受試者執

行各種任務的反應時間（屬於實驗心理學）。本章會鎖定實驗心理學，來探究走神的現象。

思維探針

一般簡易的走神實驗，可能會邀請民眾來實驗室，玩一個極為單調的賽車電玩遊戲。每隔一、兩分鐘，遊戲就會暫停，並詢問受試者正在想什麼：「有沒有專心玩遊戲？有沒有在想其他事情？分心多久了？」為了確認受試者的想法，可能會追問其他問題。問完後，遊戲再繼續進行。

請注意，通常是電腦程式在提問，而不是研究人員。像這樣反覆打斷受試者，就稱為「思維探針」（thought probes）。這類實驗及接下來的所有實驗，即使沒有其他生理和腦部活動紀錄的情況下也可以進行。如果沒有使用其他感測器，研究人員在觀測行為時，會特別注意反應的速度和頻率。相反地，當記錄了腦部和

生理的數據時，研究人員就可以進一步歸納，這些行為與生理活動有何關聯。

你可能會好奇這些答案的真實性？要是受試者撒謊，不就會破壞實驗結果嗎？這個風險當然要好好解決。人往往有撒謊的理由，例如他們誤以為做實驗一定要專注。因此，研究者需要事先聲明，實驗時走神也沒關係，甚至可以表明實驗的目的：「每個人都會分心。如果我們能確認你模擬駕駛時的分心程度，就有機會提高駕駛的安全性，所以請誠實回答。」

有些問題或許比較敏感，如果問受試者：「你剛才在想什麼？」有些人可能不願意透露個人的想法，這時最好提供幾個選項，例如：

1. 想著手邊的事情
2. 想著私人的事情

3. 想著未來
4. 想著過去
5. 忘了剛才在想什麼

　　這樣將會讓研究人員更容易分析數據，可以直接計算每個類別的答覆數。

　　分析數據時，如果只有極少數的受試者不誠實，研究人員是看得出來的，因為我們會尋找異常值。例如，我們會確認答題所花的時間，假設大多數人都需要一秒鐘，而少數人根本沒有讀題或思考，所以只花了十分之一秒，我們就會刪除這些不假思索的答覆。就算刪掉一些異常值，仍會摻雜不誠實或隨便回答的答案，不過沒有關係，這就是數據中的「雜訊」。此時，對比不同的研究情境，例如探討開車的走神與洗碗的走神，雜訊可能是相似的。受試者撒謊的機率大致相等，不可能只有某群人特別愛撒謊。

自我覺察的走神

到目前為止介紹的走神研究，都是打斷正在執行任務的受試者，詢問他們剛才在想什麼。其實還有另一種方法，可以確認受試者有沒有走神。那就是要求他們主動回報自己何時分心，或者何時停下了手邊的事。由於受試者自己意識到走神的狀態，所以稱為「自我覺察」的走神事件。

自我覺察的走神，通常需要一個相對重複的任務，像是計算呼吸次數。這些事情往往要花一點心思，一旦走神了，就無法專心做下去，假設你正在洗碗，通常可以一邊洗碗、一邊想事情。相反地，若是倒數呼吸次數（如下方練習），就不太可能一邊倒數、一邊想其他事。因此，如果要研究自我覺察的走神，我們就會指定受試者做一些勞心的任務。

練習：測試自己走神的情況

在我的實驗室，會指定受試者反覆做某件事，來覺察自己有沒有走神，受試者必須閉上眼睛，從10開始倒數呼吸次數（Braboszcz & Delorme, 2011）。從10開始數，呼吸一回，倒數到9，再呼吸一回，倒數到8，以此類推，直到1為止，然後再從10開始數，並且一再重複。這個任務特別無聊，因此思緒很容易飄走。一旦受試者發現自己在想別的事，忘記數到哪了，就要按一下膝蓋上的按鈕。

這類實驗會啟動自發的後設覺察，即自我覺察的思維，我一直用它來研究當個人意識到自己走神的那個瞬間，頭腦正發生什麼事。讓我們試試看吧。

1. 坐在一個安靜的地方，確定不會被人打擾，

用智慧型手機計時10分鐘,在開始之前,先閱讀以下步驟說明。

2. 試著倒數呼吸的回數,從10數到1,然後重新從10開始,一再重複。所謂的一回呼吸,包含吸氣和呼氣各一次。

3. 當你忘記自己數到幾,就要從10重新數起。用手指計算你走神的次數,起初雙手都握拳,每分心一次,就豎起一根手指。如果10分鐘內,分心的次數超過十次,雙手就再度握拳,重新計算。

4. 如果你的頭腦冒出「我懂了」和「我不需要做滿10分鐘」的念頭,請忽略這些念頭,堅持做完10分鐘。

5. 如果你倒數的時候,有任何不確定或猶豫,都算是走神。

6. 現在開始計時，閉上眼睛，開始計算你的呼吸次數。

　　倒數自己呼吸的次數，明明就是非常簡單的事情，這個實驗很棒的地方在於，你做完之後會驚覺，原來保持專注這麼難。還會讓你明白，監測自己的內心竟然如此困難。剛開始做練習時，你有沒有感到焦慮呢？是否冒出一些念頭，例如「我不是經常走神的人」或「我有沒有做對」，上述想法都是走神，更何況走神時，不一定會忘記自己數到哪裡。

自我覺察的走神實驗，現在已經很普遍。有許多實驗整合了自我覺察和科學探測。換句話說，一方面隨機進行科學探測，另一方面也開放受試者主動回報自己何時走神了。

SART大挑戰

　　測試走神最熱門的一項心理物理學任務，是持續專注反應任務（sustained attention to response task），簡稱SART。這項任務十分簡單，受試者要坐在電腦螢幕前，每隔1到4秒，電腦會顯示數字，一看到數字，受試者就必須按下空白鍵，但數字「3」除外。假設斗大的數字「5」在空白螢幕閃過1秒，就按下空白鍵；2秒後，閃過數字「6」，再次按下空白鍵；3秒後，閃過數字「3」，不可以按空白鍵。因為任務很枯燥，受試者可能會分心。大約連續做20分鐘，研究團隊會結算受試者錯過了幾個「3」，確認受試者何時走神，以及走神多久。

這項任務有幾個優點:首先,有兩種測量走神的管道,一是錯過3的次數,二是反應快慢。當受試者分心時,碰到數字3,本來就會忘記按空白鍵,但面對其他數字,通常反應也會變慢。只要反應變慢了,就算有好好地執行任務,仍看得出在走神。其次,這個實驗可以用電腦設定和編寫,受試者一教就會,所以非常簡單。第三,許多人都在使用,假設你收集飲酒者和非飲酒者的測試結果,就可以對照其他研究,例如有人做了相同實驗,但測試對象不同,或許是精神分裂症患者。只要實驗一樣,就可以互相比較,對比各種條件和心理狀態的走神。

　　可是,這有一個缺點。坐在電腦螢幕前,反覆看著數字閃過,不是一般人會做的事,所以得出來的實驗結果,不一定能套用在現實世界。如果我利用這個實驗證明年輕人比年長者更容易走神,是否表示年輕人閱讀時也比較容易走神?如果是傳統的觀點,便會主張「是,

沒錯」，然而，科學家則會有疑慮。事實上，學術界早就有相關研究，針對這兩項任務的測試結果是相似的（Jackson, 2012）：年輕人在這兩項任務中，的確比年長者更容易走神。

SART任務一直遭受批評，因為不需要更高層次的認知。這項任務太簡單，有的人可以一邊做，一邊想其他事情，以致一些實驗結果失效。最後，它也太過簡略，無法探測走神的深度，不確定受試者究竟是完全或稍微分心。

既然SART任務有侷限，研究人員有沒有其他方法可以研究走神呢？

研究走神的其他任務

回應節拍器

這是一項考驗持續專注力的任務（Anderson, 2021）。顧名思義，就是按照節拍器的節奏，反覆按下按鈕。研究人員發現，偏離節奏的幅度愈大，走神的機率愈大，所以從節奏的規律程度，就能看出受試者的心理狀態。因此，只要計算偏離的程度，即可評估走神的深度。這項任務通常會結合思維探針（電腦螢幕會彈出隨機問卷），詢問人們專注的程度和思考的內容。或者研究人員會在受試者心不在焉時，讓問卷彈出，由於次數有限（通常2分鐘一次），所以要挑對時機，確定受試者當下在走神，而回應節拍器的任務，剛好能讓我們精準命中。

連續時間預期挑戰

連續時間預期挑戰（Continuous Temporal Expectancy

Task, CTET），也能考驗持續專注力（Irrmischer, 2018）。在這項任務中，受試者需要盯著螢幕上的圖像，一般的圖像會顯示1秒鐘，如果受試者覺得有圖像停留特別久時，就按下按鈕。大多數圖像只會停留1秒，但大約有五分之一的圖像會顯示久一點，約1.2秒。這項任務很困難，必須集中注意力。它涉及各種長期專注力；受試者需要更專心，一旦走神了，通常就會失敗。一邊走神、一邊思考某樣東西停留的時間，是非常不容易的事。

指尖敲擊挑戰

指尖敲擊挑戰（finger tapping）也要動用各種專注力，受試者必須以雙手的食指敲出隨機的節奏（Groot, 2022）。想像一下，受試者面前有兩個按鈕，分別是左手食指和右手食指專用。現在，左右手開始敲擊，節奏是每秒敲擊一到三次，盡量隨機，例如右手敲擊，左手敲擊，右手快速敲擊兩次，停頓，左手敲擊三次，右手

敲擊一次,注意雙手不要敲擊出相同的節奏。電腦程式一聽到敲擊的節奏,即可判定是隨機或重複,以及雙手有沒有同時敲擊。不出所料,走神時,敲擊的頻率和隨機性都會降低。

＊＊＊

上述任務都在測試持續專注力,使用了各種注意力機制及不同類型的認知,包括時間感知、動作同步等。然而,就連科學家也不太確定,哪些認知中心與走神最相關,所以有些任務可能比其他任務更容易干擾心神的漫遊。

進行這類實驗也存在認識論上的問題,例如怎樣才符合科學中的社會倫理標準。我不禁想起,我在2005年展開首次的走神實驗。當時我還是助理教授,在土魯斯大學任教,這所大學成立於1229年,堪稱歐洲歷史最悠

久、最有聲望的科學大學之一。在那時，走神和靜觀的相關研究，還不是科學認可的研究主題，我至今依然記得，當我宣布要研究靜觀時，人們走神的腦部活動狀態，整個神經科學系都籠罩著緊張的氛圍，然而，我還是完成了研究，甚至出版成書，也就是你現在閱讀的這本書。

當時走神是禁忌的研究主題，特別是在一個有聲望的神經科學系。我的同事們都在研究腦部反應，探索人類如何處理視覺和聽覺刺激，不然就是探討視覺與聽覺的專注力，以及空間導航之類的主題。研究人員對靜觀不感興趣，更別說走神了，大多數人連聽都沒聽過。同事們無法理解我，搞不懂我為什麼想研究這樣的主題。他們擔心我的職業生涯，還有系所的聲譽。

同儕壓力使得我喘不過氣來，但我還是堅持到底，大約一年後，我申請到補助，得以繼續做研究，最終與

我指導的第一位博士生聯手，共同發表具有里程碑意義的論文（Braboszcz & Delorme, 2011）。於是，這個研究主題具備了合理性，該論文刊登在知名期刊上，政府單位終於願意資助，也引起歐美其他神經科學實驗室的關注。由此可見，雖然科學能拓展知識的邊界，但科學家要做新的嘗試也是不太容易。

第五章

想法從何而來？

　　為了研究並模擬走神，一定要探索它的起源。前幾個章節，我們假設想法源自於人腦這部「機器」，有大量的科學證據都支持該假設。1950年，神經外科醫生威爾德・潘菲爾德（Wilder Penfield）針對接受腦外科手術的清醒患者，進行腦電刺激，記錄患者隨機的想法和幻覺。因為施打麻醉，患者腦部喪失痛覺感知能力，即使患者還醒著，外科醫生也可以在打開顱骨後，對其進行機械或通電刺激。至今，外科醫生們仍善用這項技術，以免不小心移除重要的部位，例如醫生會刺激某個腦區，患者可能會回報聞到花香，接著再刺激另一個區

域，患者會回報想起童年的回憶。這些實驗一再證明，腦部功能與想法息息相關。

所有想法都源自頭腦嗎？

然而，這表示所有想法都來自頭腦嗎？有些人確實會心靈感應，這是不容忽視的事實，雖然我們不懂背後的原理，但不應該否定它的存在。《紐約時報》報導過關於「吉姆雙胞胎」（Jim Twins）的知名故事，這對雙胞胎一出生就分隔兩地，但最終娶了同名的女性，離婚後，再婚的對象竟然也同名，更巧的是，兩人都給兒子取了相同的名字（Chen, 1979）。

除此之外，還有無數類似的故事，以及成千上萬的論文，其中最著名的是刊在《自然期刊》（*Nature*）的一篇論文（Targ & Puthoff, 1974）；由羅素・塔格（Russell Targ）和哈羅德・普索夫（Harold Puthoff）共

同研究。他們證明有些人確實天賦異稟，能讀懂別人的心思。他們為了這篇論文，邀請一位靈媒來進行實驗：科學家站在隨機選定的地點，靈媒要把那個位置畫出來。結果靈媒猜對的機率，比電腦隨機猜測的更準確。在一系列的實驗中，如果換成沒有靈力的人，就不像靈媒那麼準確了，猜對的機率只有千萬分之一。有些人可能不信，批評該實驗有缺陷，但是證據確鑿。這篇論文刊登在當時最有聲望的科學期刊，同一本期刊上還收錄了黑洞圖像，或者物理學新發現的基礎粒子。它通過最高級別的科學審查，不代表這些現象就是真的，因為在實驗室難以重現，而且關乎未知的原理。然而，如果因此就認為這是偽科學，也不公平。

想法可能源自頭腦以外的地方，只是主流科學不相信這個觀點。然而，既然要研究走神，就不該受到科學信念的侷限。在下一節，你會看到人類意識能夠理解的範圍非常有限。如果頭腦以外的地方也會產生想法，那

麼頭腦的功能就像天線一樣，會捕捉各種資訊，然後在「心靈電臺」播放。

假設心靈感應是真的，人與人之間的頭腦可以互連，也不會推翻現有的大腦活動理論，因為當我們有想法，腦部神經元的確會活躍。這不影響走神的原理，但會促使我們重新思考其功能。以心電感應為例，那些不由自主冒出來的想法，是為了維繫我們與他人的連結，例如感應到我們所愛之人遇險，而這確實發生在同卵雙胞胎身上（Playfair, 1999）。

想法與意識的關係

笛卡爾有句名言「我思故我在」，他試圖找尋他認為最基本的核心原則（Descartes, 1641）。然而，任何在靜觀的人都知道這句話不完全正確。我將這句話解讀為「我思考，所以我知道我有意識，因此我存在。」也

可以理解為「我感知世界，因此我存在。」然而，「我思故我在」有誤導的嫌疑，這暗示如果人不思考，就不存在，這種說法並不正確。人生有一些經歷，往往沒有思考的成分，比如欣賞美麗的日落，你可能為之驚嘆，但沒有思考任何事。你的心靈並非空白，卻不包含思緒，只是單純體驗當下。

意識是我們知曉的一切，而意識的內容包括想法、感受和感知。意識就像承載想法的容器，只不過容器與內容物無法一分為二，因為我們的意識心（conscious mind）往往認為，這一切都等於意識。當我們想著「我真聰明」，通常不會感覺到念頭從腦海閃過，而是直接內化，以為這就是自己的本質。感知也是如此，走神時，偶爾會區分容器和內容物，**驚覺有某個念頭正在劫持心靈**。那麼，倘若意識不等於想法，那是什麼呢？這是我們理解走神的關鍵。走神的時候，是我們自己在遊走，還是另有一個容器包含著這些飄盪的想法？

意識是一種幻覺

目前科學界主張,並沒有專門承載走神的容器,換句話說,走神本身就是自己的容器。而意識是頭腦的副產品,只是一種幻覺。如此看來,人並沒有自由意志,雖然你相信自己有,但這些信念只是閃過腦海的想法。神經科學家喜歡研究裂腦(split brain)患者,這些人的大腦從中間被分割,為了防止某些特定的極端癲癇。如果把圖片放在某一側,裂腦患者只有半邊的腦看得到。假設右側放了一張圖片,並且下了一些指令(如微笑、走路),右腦理解後,受試者便開始執行指令。這時候,左腦會不知所以然。

由於語言中樞是交給左腦控制,當你詢問受試者為什麼微笑或走路,他們會編造故事:「我笑是因為覺得這個實驗很好玩」,或者「我走路是因為我想喝汽水」。正是這個原因,以致一些神經科學家認為,意識只是副產品,換句話說,頭腦先做了決定,我們才開始編故事,讓行為合理化。如此理解的話,頭腦是一臺生

化超級電腦,照顧你的身體,為你下決策,至於意識存不存在,一點也不重要,因為意識是多餘的。

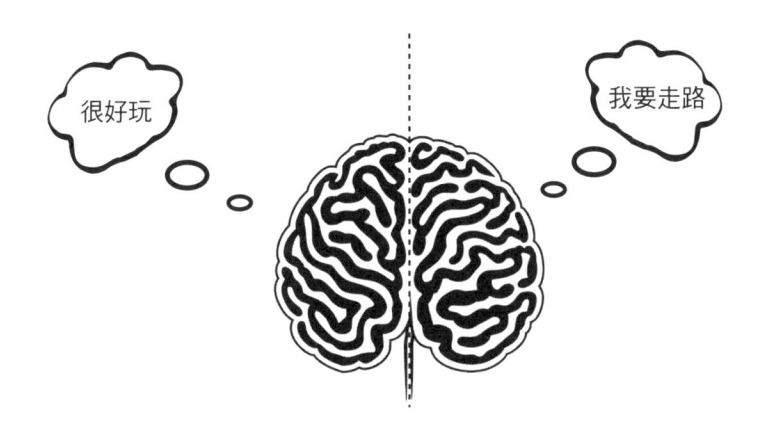

很好玩

我要走路

回到先前我提過的意識的難題。我們相信我們真實存在,但是沒生命的物質要如何產生意識呢?科學家不知道答案。儘管有一些敷衍的解釋,但缺乏說服力。只要找到答案,就能夠設計有意識的機器人或電腦,甚至打造出來。新人工智慧系統的奇蹟,經常躍上大眾媒體的頭條,然而,科學家距離這個崇高的目標還很遙遠。

意識場

　　有些人假設，走神發生在意識之中。我喜歡把意識看成力場（forcefield），頭腦是控制該場域的裝置。意識場可能像電場一樣，也是自然界的物理現象。電場沒有固定的範圍，所以電荷無所不在。電壓的大小會隨著距離改變。如果我移動磁鐵，就可以測量它的電場大小。如果未來發明精密的儀器，或許可以從很遠的地方，測量到磁鐵的電場。電場不侷限於特定範圍，可以延伸至銀河系的另一端，理論上能到無限的遠方。然而，在幾百年前，人類的祖先根本不知道電場的存在。意識場是否遵循類似的法則？是不是與電場一樣無所不在，只是被頭腦集中起來，就像電荷被電池集中起來？

　　這類理論確實化解了意識的難題：意識本身是獨立的存在，不必源自無生命的物質。那麼，此理論對走神有什麼影響呢？影響非常深遠，意識的主要特徵是「知曉」，意識所知曉的，包括感知、想法及意識本身。意

識並非獨立存在,而是會受到外界影響。既然意識是思想的容器,我們就可以選擇如實地看待想法:在我們內部發生的短暫、無常的活動。

＊＊＊

我們已經看到,想法要麼影響頭腦,要不就是源自頭腦。功能性磁振造影(fMRI)掃描儀能夠「即時觀察」某人看電影時的思想活動,其他儀器可以參考腦內電荷活動,來判斷此人正在聽什麼句子。未來的科學家可能會研發新設備,在不改變個性的情況下,只影響意識中浮現的想法。如此一來,就可以激發新的想法,來對抗負面的走神,還有可能治療病態的走神,或者延緩疾病的進程。

PART 2

走神與你

第六章

走神時，都在想什麼？

走神時，頭腦在想什麼？這可以幫助我們理解走神的習慣嗎？我們的想法會影響走神的內容嗎？如何好好控制這些念頭？

還記得前述各種類型的走神嗎？包括不由自主和自主的思維、外部刺激的思維、與任務有關的思維，以及強迫型思維。其中與任務有關及外部刺激的思維，取決於周圍環境或正在做的事，那麼其他走神類型的想法從何而來？我們走神時，經常想到自己與他人（包括伴侶和朋友）：想像往事重演、規劃未來、幻想自己和別人的交流。科學家如何知道？他們運用先前介紹的測試，

例如打斷受試者的思路，要求他們回覆問卷，進而探測其想法，或者讓受試者做重複的事情，自行回報出神的狀況。舉例來說，螢幕可能彈出問卷，追問受試者：

走神時，你在想什麼？請從下列選項選擇：
☐ 自己
☐ 別人
☐ 沒有人
☐ 過去
☐ 未來
☐ 正面的
☐ 負面的

這類研究是通過在一天中向受試者發送簡訊，詢問他們是否專注於正在進行的任務，如果沒有，那麼，當時正在想什麼。

走神的內容

研究顯示，我們走神時，有45％都在思考自己與他人的關係，例如忍不住想起回家後，準備和另一半說什麼。另外有40％的情況，只會想到自己（Smallwood, 2015），包括我們的一天、一週或人生計畫。我們偶爾也會下定決心，例如「我該減肥了」。其餘15％的情況，並沒有特定的思考對象，例如想一些無關任何人的哲學或實際問題。

人們走神時，主要會想到過去還是未來呢？同一份研究發現，有50％的走神內容與未來有關，與現在有關則是30％，只有10％和過去有關，其餘10％毫無時間意識。提醒一下，心情低落的人並非如此，他們絕大部分都在懷念過去，負面的內容也比較多。此外，有趣的是，關於過去的內容通常比未來的內容更負面。在上述問卷中，當受試者勾選「未來」時，往往會同時勾選

「正面的」。

走神內容的演變

邁阿密大學有一項研究（Zanesco, 2020），要求500多位受試者，回答自己走神時正在想什麼。就如同大多數的走神實驗，趁著受試者執行重複的任務，每隔一段時間就打斷他們，詢問他們正在想什麼。這項實驗提供幾個選項，但只限勾選一個。選項包括：

1. 專心完成任務
2. 想著正在做的事
3. 想著其他事

有關選項三，研究團隊還提供其他選擇，因為與本書內容無關，就不在此列出。

從下圖可以看出，受試者的選擇會隨著時間變化

（Zanesco, 2020）。測試時間總共是13分鐘,受試者多次被打斷,並在最後統整出他們思考的內容。

每一條垂直線都代表受試者在那段時間內,大致在想些什麼。最左側是實驗剛開始,大多數的受試者都專心完成任務,或者想著正在做的事,圖片下面兩段深色的長條占了95％以上。然而,到了最右側,也就是實驗快結束時,這兩種回覆大約只占40％,而超過一半都在想其他事,包括當下的身體、認知或情感狀態。這完整呈現了實驗過程中,受試者的想法有何變化。

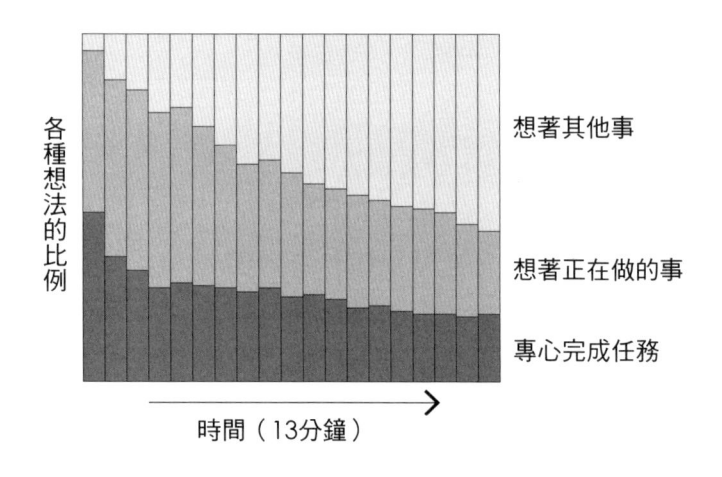

走神的頻率

走神有可能是不由自主的,因此難以評估持續多久。既然我們想縮短走神的時間,一定要有正確觀念。大多數的研究報告,都是訪問受試者走神多久,並未實際測量時間。

在一項研究中,為了探討走神在一天中發生的變化,研究團隊連續14天向受試者發送簡訊,每天五次。結果發現,用餐後比較容易走神(Smith et al., 2018)。此時,身體一部分的能量從頭腦轉移到胃部,所以我們有時會想睡覺。用餐後容易走神,這與它是一種微睡眠狀態,可能幫助我們在飯後休息的觀點一致。

走神就像做夢,我們不一定記得內容。內心可能是一片空白,有些研究人員稱為心靈空白(mind blanking)。然而,也可能是我們想不起走神的內容。我有一位學生接受過深入訪談的訓練,可以探測受試者的想法,我們

決定以走神為題進行測驗,而我是她的第一個對象。她指示我反覆執行一項任務,直到發現自己恍神為止。之後,她針對單一的走神事件,進行長達20分鐘的深度訪談,要求我詳細回憶走神的內容。就像在描述夢境,我確實記得一部分內容,但不是全部。當我向她描述時,也會回想起更多的內容。

走神有輕重之分嗎?

這個問題想確認走神是否有程度之分,或者只有兩種狀態——心神漫遊與非心神漫遊。換句話說,你的心能否50%在走神、50%專心做事,或者一旦走神,就不可能專心?

研究人員試圖研究這個問題,他們通常會打斷受試者,針對專心和走神的程度,請受試者自我評分:最低1分(完全專注),最高5分(完全走神)(Zanesco, 2020)。

每一個數值（1、2、3、4、5），分別代表走神的漸變過程。研究數據顯示，其中以完全專注和完全走神特別明顯，也就是「1」和「5」。受試者比較容易維持在這兩種狀態，而不是中間的程度。換句話說，這兩種狀態特別有「黏著度」。

關於走神的大規模統計分析，大多指向三種內心狀態：專心執行任務、想到與任務或日常事件有關的事、深度走神或做白日夢。這項發現有什麼意義？它與安全大有關聯，可見我們走神時仍會完成任務，但可能無法發揮全部的潛力。假如飛航管制員或飛行員分心，一邊執行任務、一邊想其他事情，你可以接受嗎？所以，飛安領域做了許多走神的研究。

我們思索的內容，會影響未來的走神嗎？

了解念頭如何接連出現，也相當有助益。之前的走神是否會影響後續思索的內容？假如你的心飄到未來的

假期，稍後是不是更有可能再次想起？這種情況會持續多久？現在的走神事件會影響其他情況幾分鐘、幾小時或幾天？

有趣的是，科學實驗顯示，當人們連續分心兩次，往往是想著同一件事（Zanesco, 2020）。假如你分心了，突然想到自己的煩惱，恐怕不久後還會分心，再次想起這個煩惱。即使只影響下一個念頭，也難保不會引發連鎖效應。走神的想法是否先影響一個想法，再影響下一個，然後沒完沒了？

一些研究人員認為，走神與長期記憶有關，也可能影響許多未來的事件。只要分析多次走神事件，就可以得知哪種情況更普遍。想像一下，心智是如何運作：包括你內心的擔憂清單、平常關心的問題，以及其他感興趣的話題，當你走神時，就會隨機跳到其中之一。這對我們有什麼意義？就算你想起過去，也沒什麼好擔心。

即使對當下產生負面想法,並不會大幅增加未來出現負面想法的可能性。某個想法在我們心中冒出來的機率,相對獨立於之前的經歷。

下頁圖表說明了可以創建一個模型,來模擬走神的反應,亦即根據之前的走神事件,重現走神事件的順序(Zanesco, 2020)。

內心狀態可分成三種:專注於任務、部分專注／部分走神、走神。每一秒,內心狀態都會被重新評估,因此內心狀態是有機會改變的。

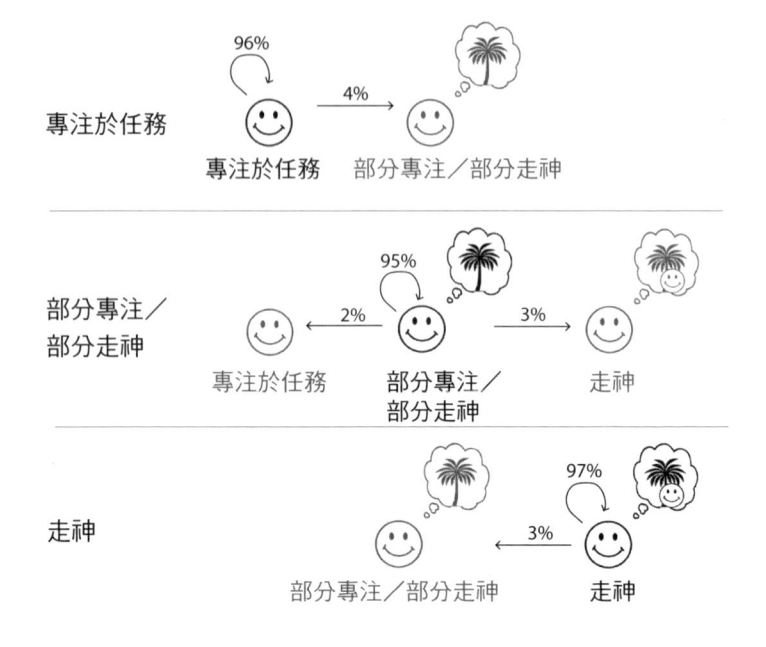

專注於任務

專注於任務 96% ⟲
專注於任務 —4%→ 部分專注／部分走神

部分專注／部分走神

部分專注／部分走神 95% ⟲
專注於任務 ←2%— 部分專注／部分走神 —3%→ 走神

走神

部分專注／部分走神 ←3%— 走神 97% ⟲

　　當內心處於某個狀態，有可能繼續維持同一個狀態（循環箭頭），或跳到另一個狀態。該模型收集大量受試者的回覆，計算內心狀態切換的機率，可以模擬真實人類，生成類似的走神事件。假如你正專心執行任務，到了下一秒，有96％的機率繼續保持專注，以及4％的

機率會切換到部分專注／部分走神的狀態。在這種狀態下被詢問時，我們會回答正在想手邊的事或日常事務（如午餐、接著要做的事等），而且還是繼續執行任務。雖然切換的機率不高，只有4％，但因為每一秒都可能改變，所以在專注於任務15秒後，大約有50％的機率會切換到部分專注／部分走神的狀態。

一旦進入部分專注／部分走神的狀態，維持這種狀態的機率為95％，並且可能會停留一段時間。然而，過了30秒，我們有60％的機率會切換到走神狀態，另有40％的機率回歸專注於任務的狀態。至於走神的內心狀態其實非常穩定，切換到其他狀態的機率最低（僅有3％），所以停留在此狀態的時間較長。但是，到了某個時刻，又會回到部分專注／部分走神的狀態。你會注意到從「專注於任務」到「走神」，並不是直接切換，因為從500名受試者收集到的數據，很少有這種情況。資料顯示，人們很少從高度專注的狀態，直接跳到走神

狀態，相反地，一定會歷經過渡狀態。

走神狀態可以分成兩種。比起部分走神（想著手邊的事或日常事務），完全走神更令人不快，給人一種失控、詭異、說變就變、不安的感受。儘管部分走神的狀態，不必然就是正面的，卻不像完全走神那般負面。

＊＊＊

了解走神的內容對我們有何啟示，以及為什麼要釐清各種內心狀態和走神之間的切換呢？這很重要，因為當我們試圖控制走神時，不妨回想自己走神時，經常想起什麼主題，或者理解人不會一下子就跳到深度走神，而是先歷經部分走神。如此一來，我們就可以觀察自己的內心，看看是否在思考手邊的事情，順便察覺固定的思考序列（例如先部分走神，接著深度走神），這些模式經過科學證實，人人都是如此。唯有認識自己的走神模式，才可以在生活中做出改變。

第七章

走神的神經科學研究

　　我們介紹過許多走神實驗，都是在探討人類的行為，那麼頭腦呢？走神的時候，頭腦正在發生什麼事？大量腦成像的實驗，幫助我們認識走神的現象。經由這些實驗，我們得知頭腦分成好幾個區塊，分別負責各種認知。此外，不由自主的想法也會交互作用，這些都可以透過腦成像技術即時觀察。

　　一旦我們理解哪些認知系統與走神有關，就會明白頭腦運作的原理，並發現一些從未想過的心理活動模式。察覺這些自動化的過程，正是迎向改變的第一步。

這個章節提到許多腦區的專有名詞，你可能會一頭霧水，但是這些術語並不重要，真正重要的是這些腦區的功能。如果我要解釋引擎的原理，當然會提到化油器和活塞，同樣地，認識腦部的運轉原理，一定要使用正確的專業術語，但重點是原理本身。

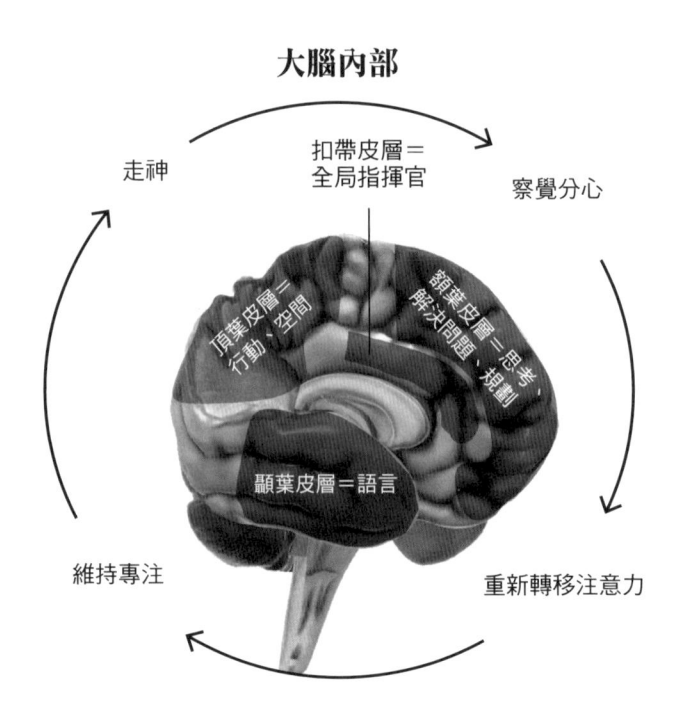

大腦內部

走神 → 扣帶皮層＝全局指揮官 → 察覺分心

頂葉皮層＝行動、空間

額葉皮層＝思考解決問題、規劃

顳葉皮層＝語言

維持專注 ← 重新轉移注意力

把握幾個大原則,有助於理解上圖所示的腦區術語。人腦分成幾個部分:皮層是頭腦的外層,負責許多認知功能,例如感知、思考和自主的動作。額葉皮層（frontal cortex）位於前半部,可以細分成許多部分,大多與記憶、解決問題和規劃有關。我們還會談到頂葉皮層（parietal cortex）,關乎即時的動作規劃,例如你準備重新轉移注意力,或者準備做某個動作。接著是顳葉皮層（temporal cortex）,正如其名所示,位於太陽穴（temple）後方,跟語言有關。

　　最後,我們會探討位於中心的皮層,稱為扣帶皮層（cingulate cortex）。你應該注意到了,這張圖並不完整,為了清楚呈現腦內的結構,我刻意省略一部分的腦區。Cingulus是拉丁文,意思是「腰帶」,可能是因為扣帶皮層圍繞著頭腦的中心,所以科學家這樣命名。扣帶皮層等於頭腦的全局指揮官,剛好位於中心,最適合與所有腦區溝通,讓其他腦區維持正常運轉。

保持專注

跟保持專注最相關的腦區,是背外側前額葉皮層（dorsolateral prefrontal cortex）,是前額皮層的一部分。當你專心做某件事,這部分的皮層就會很活躍。當我們專注時,也會啟動其他許多腦區,只不過這個區塊反應最明顯。

這類皮層也是短期記憶的大功臣。如果要你記住一組電話號碼幾分鐘,就和短期記憶有關；解決問題時也需要短期記憶,因為必須記住問題及相關因子,才能解決它。假設你在考量銀行帳戶裡的存款是否能撐到月底,你會努力回想還有什麼東西要買,然後善用這部分的皮層進行心算。靜觀的時候,這部分的皮層也很活躍,雖然你不用解決任何事,但仍要集中注意力,並記住靜觀的步驟。

了解哪個腦區在我們保持專注時會特別活躍，為什麼很有幫助呢？多虧神經反饋技術，我們可以即時得知，專注時哪個腦區正在活躍，然後努力拉長活躍的時間，讓大腦專注久一點，就像第117頁的圖像。圖中的人試圖透過控制前額葉皮層的活動，來改變測量指標的顏色。當他集中注意力時，顏色就會變深。之後探討腦波和神經反饋時，我們會再提到這項實驗。

開始走神

從前面的圖可以看出，就算是「保持專注」的狀態，也可能會游移到「走神」狀態。當我們開始走神，會啟動第二種類型的注意力，它專門「監控任何衝突」，這套注意力系統，可以鑑別哪些事情最需要關注。「腦部注意力系統」包含一系列腦區，幫助我們關注真正重要的事物。假如你正在閱讀，突然聽到喜愛的曲子，到底該專心聽音樂，還是繼續閱讀？這些活動都

在爭奪注意力,而衝突監控系統會幫助你決定哪件事值得關注。這類注意力會在走神時出現,因為在那個當下,至少有兩件事在爭奪我們的注意力:我們應該完成的任務,以及不由自主的想法。

預設模式網路

第三章提過預設模式網路,研究人員發現,走神時會啟動一部分的預設模式網路。預設模式網路參與所有的走神事件,當受試者不自覺的走神時,預設模式網路最活躍。別忘了,當我們正在休息,不跟外界互動時,預設模式網路就是最活躍的腦區之一。這牽涉到許多腦區,其中內側前額葉皮層(medial prefrontal cortex)在做決策時特別活躍。另一個相關的腦區是扣帶皮層,位於腦部內側,與自我意識相關,負責分配注意力。最後,有一部分的顳葉皮層關乎語言理解。當我們走神時,這些腦區會互相溝通。為什麼?因為我們往往用語言思考(顳葉皮層)和規劃(額葉皮層),可能覺察或

沒有覺察到自己的想法（扣帶皮層）。預設模式網路的範圍遠遠超乎走神，但是為了簡化，本章直接把預設模式網路等同於走神。

此外，別忘了，走神時也會動用記憶。記憶儲存在哪裡？散落在頭腦各處。記憶嵌在神經元連結中，散布於皮層內及各個皮層之間。走神的當下，心通常會飄到過去或未來，此時會啟動預設模式網路，先喚起過去的記憶，然後和目前的情況連結。因此，當我們想像自己處在別的時空，預設模式網路就會特別活躍（Andrews-Hanna, 2010）。這被稱為「心靈時光旅行」（mental time travel），經常在走神時發生。

未來，我們有可能改變上述每個腦區的活動，這項技術已經存在，即經顱磁刺激（TMS）。可惜目前還不夠精確，無法瞄準特定的腦區，但有朝一日將會實現。想像一下，我們打造了一個走神檢測器，向TMS機器發

送信號，讓機器刺激顳葉語言區，干擾內心與走神有關的想法，幫助我們拉回注意力或避免分心。

偵測分心

如何發現自己開始走神呢？前面提過，走神時，不由自主的想法會爭奪注意力，把我們從手邊的任務拉走。直到某一刻，我們發現自己走神，而這要依賴警覺頭腦網絡（salience brain network）。

頭腦網絡包含幾個腦區，彼此功能相關，並且共同執行特定的認知或行為功能。這些腦區透過神經路徑（neural pathway）互相溝通，只要屬於同一個網絡，不同腦區的活動就會互相影響。警覺頭腦網絡是為了偵測新奇（而顯著）的刺激，向大腦其他區域發出信號，提醒我們重新分配注意力。例如聽到鳥叫聲，我們可能想要和小鳥四目相交。警覺網絡讓我們注意到這隻鳥，但

也能偵測自己正在走神。此時注意力尚未轉移,因為這是由另一個頭腦網絡負責,即執行頭腦網絡(executive brain network),我們下一節再來討論。

靜觀與警覺網絡

定期的靜觀練習,會引發頭腦的長期改變。長期靜觀的人,警覺網路的活動大增,可以減少走神的發生(Brewer et al., 2011)。科學研究證實,靜觀練習會加強警覺網絡內部腦區的連結,以及此網絡與其他頭腦網絡的連接,所以更容易偵測分心(Tomasino, 2014)。

靜觀者看到負面的情緒圖像,頭腦的連結確實增強了,可見情緒與避免分心的能力有關。只要警覺網絡保持活躍,就容易察覺令人不安的圖像和走神事件。換句話說,靜觀專家不太容易走神,因為內心一冒出不由自主的想法,他們就會立刻察覺(Taylor et al., 2013)。

這是不是代表我們必須刺激警覺網絡，好讓自己更有覺察力呢？是否可以再次利用神經反饋，加強這個腦區的活動力，來幫忙偵測走神，讓我們變成超級有覺察力的人？別急。事實上，憂鬱或焦慮的人也會走神。一項研究發現，如果長時間沉浸於負面想法，比起中性或正面的想法，更容易加強警覺網絡的連結。該研究還發現，這個區域的連結增加，似乎與焦慮有關。大概是因為焦慮的人會反覆陷入負面的情緒，我們稍後再來論證這點。假如有焦慮的情緒，就算警覺網絡偵測到正面的想法，把信號傳送到其他腦區，仍然會被負面的想法取代。因此，如果無法確認走神類型（正面或負面），就運用神經反饋技術刺激該腦區，恐怕無法達到預期的效果。

恢復專注

　　一旦內心察覺到走神的情況，我們的大腦就要把注

意力重新導回主要任務上。這是由中央執行網絡（central executive network）負責。顧名思義，頭腦這個區塊專門重導注意力。簡單來說，額葉皮層會指示頂葉皮層，將注意力導回原來的任務。我們關閉循環，重返持續專注的任務，直到下一次走神為止。

目前科學家主要用兩種方法，來偵測走神的情況：隨機打斷受試者，以及讓受試者自己回報。科學家會一邊訪問受試者，一邊監測腦部的活動，以收集腦部活動模式的資料，然後對照受試者的回報，確認是否有出入。如此雙管齊下，研究人員發現額葉皮層比較活躍，這個腦區負責偵測走神並重導注意力。

察覺走神

我們何時會察覺自己在走神，以及這件事重要嗎？根據目前的研究，當我們準備好拉回注意力（動用執行

網絡），比較容易察覺自己在走神，而不是偵測到衝突的時候（動用警覺網絡）。這是為什麼？研究發現，執行網絡腦區的連結愈強大，愈可能意識到自己的夢境。執行網絡負責認知控制、決策和自我意識。因此，當這個網絡的內部連結愈強，人們愈可能意識到夢境，並察覺走神的情況。

神經反饋技術或經顱磁刺激，可以影響這些區域的神經元活動，讓人們察覺自己在走神。至於走神的循環中，哪個階段最容易被偵測呢？就我們所知，是專注或走神的階段，因為持續時間更長，所以比起偵測和重導的階段，更容易被腦神經成像技術偵測出來。

關於腦波

目前有哪些腦成像技術，可以即時窺探腦部的狀態？在前面的章節中，以fMRI為基礎，分析走神時哪

些腦區特別活躍。臨床醫師會運用fMRI，來偵測腦部腫瘤或其他腦部結構問題，甚至包括測量血流。但這種方法有一個缺點，就是速度慢；並非技術的問題，而是因為血流速度本來就慢。

另一種方法是腦電圖（EEG），會在頭皮放置電極。腦部每一個神經元，都會進行電子活動，EEG可以偵測腦部電子活動的變化。同一時間，最多可使用512個電極，並即時記錄這些電極的變化。與fMRI相比，其優勢是達到毫秒的精準度，每秒會收集數千次的大腦活動數據。

腦波

你可能聽過腦波，包括δ波、θ波、α波、β波和γ波，是由腦部神經元活動產生的不同類型之腦波，分別有不同的振盪頻率。δ波（每秒一至四次振盪或赫茲），通常是在深度睡眠期間，也可能是在無意識狀態

下。θ波（4至8赫茲）比較快一點，與放鬆、創造和記憶相關。α波（8至13赫茲）又更快了，是一種放鬆但警覺的狀態（α是希臘字母的第一個字母，也是最早被發現的腦波）。β波（13至30赫茲）非常快，是從事智力活動和保持專注的狀態。最快的是γ波（30至100赫茲），與高階思維和注意力相關。

腦波帶來的啟示

我們介紹過EEG技術了，現在來看看運用這項技術，對於走神會不會有更深入的理解。還記得我設計的實驗嗎？受試者默默從10倒數，一旦察覺自己走神，忘記數到哪裡，就要按下按鈕。受試者按下按鈕之前，有一段走神的時間（Braboszcz & Delorme, 2011）。按下按鈕後，專注力又會回到呼吸上。結果我們發現，走神的時候，頻率慢一點的腦波（δ波和θ波）會增加，頻率快一點的腦波（α波和β波）會減少。同樣地，睡眠的時候，頻率慢一點的腦波也會增加（δ波和θ波），頻率快

一點的腦波則減少。這讓我們得出一個結論，走神時的警覺度低，可能與睡眠差不多。腦袋處於閒置模式，正在休息中。

當受試者執行這項任務時，我們每秒都會在音響喇叭上播放嗶嗶聲，但事先告知受試者忽略這些聲音。如下圖所示。

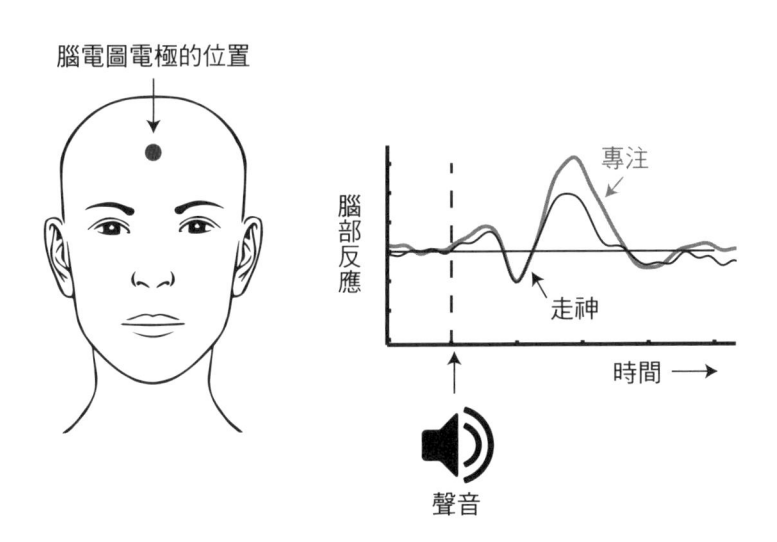

腦電圖電極的位置

專注

腦部反應

走神

時間 →

聲音

我們發現,受試者走神的時候,頭腦對嗶嗶聲的反應比較小,對聲音沒那麼敏感。這一點就和睡眠期間的情況相似。這些研究結果揭示了走神有個潛在的功能,就是讓腦袋休息,雖然不等於睡眠,但很接近了。

靜觀、走神與腦電圖

靜觀練習者的腦電圖有什麼不同呢?練習靜觀是為了保持專注,讓頭腦學會偵測走神。先前提過,靜觀可以減少走神,因此,探討靜觀對腦波的影響,可能有助於理解走神。

這是一個複雜的主題。首先,靜觀分成好幾個派別,它們對於腦電圖訊號的影響不盡相同。有的靜觀以念咒為主(複誦某個詞或聲音來集中注意力),有些則專注於呼吸或身體感覺,兩者對腦部的影響可能不同。我會這樣說,是因為我找來四種靜觀派別的修行者,研究他們的腦波(Braboszcz et al., 2017)。那陣子有很多

新聞頭條,都在探討靜觀對腦部的影響,促使我進行這些實驗。我們想要驗證的是,不同類型的靜觀對腦部的影響是否相似。

結果發現,內觀(Vipassana meditation)大幅增加α腦波的幅度,而其他靜觀派別卻不會。內觀會專心掃描全身,依序關注身體的各個部位。這種空間注意力(spatial attention),可能與α腦波增加有關。其餘一些靜觀練習,例如念咒(在內心複誦某個詞或句子),也會影響特定腦區中較慢的θ腦波。

這些結果都證實,靜觀會改變慢腦波和快腦波,但不同的派別,機制可能不一樣。如上一節所述,走神的時候,類似睡眠的慢腦波會增加,並減少較快的腦波,而靜觀可能是改變該平衡的一種方法。θ波和記憶有關,也牽涉到腦區之間的溝通。α腦波及其缺失,則與注意力相關。假如我要求你追蹤某個物體,負責處理該

物體視覺的腦區,就會減少α腦波(Zani et al., 2020)。

練習靜觀的人常見的一個變化是,偏快的γ腦波會增加。靜觀者的各個腦區,γ腦波都比一般人更多。研究人員還發現,與休息狀態相比,靜觀者在靜觀時的γ腦波會增加(Cahn et al., 2010)。剛開始靜觀,γ腦波就會增加了,等到靜觀完畢,γ腦波似乎會持續增加,這就是為什麼靜觀者的γ腦波比一般人還要多。γ波是頭腦的區域處理中心,頻率非常快,所以這些頻率的神經元只會影響鄰近的神經元。γ腦波增加,表示頭腦局部的通訊會變多。雖然研究人員尚未證實γ波和走神的關係,但隨著腦內局部的通訊增加,應該更容易察覺自己在走神。

靜觀者測出來的γ腦波,也獲得大腦解剖學的支持,研究顯示靜觀者的皮層往往會增厚,這是至少被十幾個實驗室重複驗證的可靠結果(Lazar et al., 2005)。

由此可見，腦內通訊得到改善（隨著皮層增厚，與走神有關的主要腦區之間，可以更頻繁地連結）。這些額外的連結，可能有助於警覺網絡更有效、更快速地察覺到走神的發生。這個假設與fMRI的研究結果不謀而合，fMRI測試發現，靜觀者的警覺網絡比較活躍。

　　腦成像研究揭示了不同的專門腦區都與走神有關，分別以各自的方式處理不由自主的想法。此外，了解哪些認知系統與走神相關，可以幫助我們更容易察覺自動思維模式，而這就是改變的第一步。不同的腦成像技術（例如fMRI和腦電圖）可以讓我們即時研究大腦，深入了解腦部的功能。腦電圖研究證實，走神的時候，慢腦波（δ波和θ波）會增加，而快腦波（α波和β波）會減少，這類似睡眠的情況。可見走神時，大腦處於警覺性低和休息的狀態。

第八章

走神、幸福和個性

上一章探討頭腦是如何運作,並揭示走神的種種現象。現在來介紹一些實驗,看看可以給我們什麼啟示。深入認識思維模式和行為,我們就懂得辨識和管控走神,提升自我覺察力和幸福感。本章會解釋我們與走神的關係,為什麼攸關個性、情緒健康、幸福感、年齡和記憶。此外,也會談到走神與負面情緒的關聯,例如焦慮和憂鬱。

本書最後一部分指出,研究走神現象,能讓我們制定改善心理健康的策略。走神也會干擾生產力,但只要理解它,就可以避免負面影響。

心理狀態也會影響走神的內容和頻率。焦慮、悲傷和高壓的心理狀態，會導致走神增加。感到焦慮和無聊，勢必會常常走神。這很容易理解，當你愈無聊，頭腦就有愈多不由自主的想法。

　　罹患注意力缺失症（ADD）的兒童和成年人，走神的頻率也比較高，特別容易從「專注」游移到其他狀態。相反地，從事喜愛的活動，往往會減少走神的頻率，比較不容易遠離專注狀態。這與一項重要研究不謀而合，該研究指出，走神往往會降低人們的幸福感（Killingsworth & Gilbert, 2010）。

走神讓人不快樂

　　在走神研究領域中，有一篇開創性的論文，我們稱為「哈佛幸福研究」（Harvard happiness study），因為研究人員來自哈佛大學。這篇論文於2010年公開發表，

標題是「走神是不快樂的心靈」（A wandering mind is an unhappy mind〔Killingsworth & Gilbert, 2010〕）。在這項實驗中，哈佛的科學家向受試者發送簡訊，詢問他們一整天都在做什麼，以及是否專注於該活動，還是在想別的事情。簡訊提供了一個連結，受試者必須點擊該連結，並回答幾個問題，例如：

1. 你正在做什麼？
2. 你現在想的事情，是否與手邊的事無關？
3. 如果無關，你正在想什麼？
4. 此刻你有多快樂或不快樂？

受試者每天會收到幾則簡訊，持續一個月。結束一個月的實驗後，受試者會得到一份總結分析。研究人員總共收集了2,000名受試者的數據，最後發表了這篇關於走神的知名研究。

哈佛幸福研究的結果

公布研究結果之前,先說明一下我和這項實驗的關係。就在這篇論文發表後,沒多久我隨即報名這項研究。雖然第一階段的數據已收集完畢,研究人員仍繼續收集,以供後續研究使用。我參加之後,每天會收到一至三封簡訊,詢問我有沒有專注於手上的事。簡訊發過來時,我可能剛好在忙,例如騎腳踏車去上班,或者和朋友共進晚餐。我會停下來,看一下簡訊,再點擊連結,大約花15到30秒來回答手機上的問題,然後繼續做我的事。

● 不悅的走神

　　● 中性的走神

　　　● 愉悅的走神

　　　　● 沒有走神

→
主觀評估幸福感

這項研究的結果很明確，如上圖所示，當我們走神時，就會感到不快樂。當人們發現自己在進行特定活動時走神，你可以看到他們對幸福感的主觀評價。研究者捕捉到人們在許多活動中的走神情況，包括工作、娛樂、家事、運動、看電視、照顧孩子等。仔細看一下研究圖表，有些人甚至在發生關係時或結束後，也會撥時間來回覆。

　　無論正在做什麼，當人們走神時，主觀的幸福感往往比較低，即使思緒是飄到愉快的體驗上（例如想到未來要度假）也是如此。

　　此外，研究人員還發現，人們的幸福感主要取決於思考的內容，而非正在做的事。假設你正在做大家公認愉快的事情，例如吃冰淇淋，心思卻飄到工作的問題，就會讓你不開心。我可以想見，就算正在做快樂的事，也快樂不起來。因此，要評估一個人的幸福感，最好問

他們正在想什麼，而非正在做什麼。

這篇論文只有一頁，刊登在知名的《科學》期刊（Killingsworth, 2010），因而開創了該研究領域，並激發無數相關的研究。這份研究有許多突破，首先，其他科學家也能重現這項研究結果，這是科學中的關鍵步驟。令人不敢置信的是，有許多研究，甚至是知名的研究，都無法重複驗證；通常是因為實驗設計或統計分析有缺陷。然而，該研究並沒有這個問題，隨即激發後續的研究。

後續研究不僅驗證了原本的結果，還帶來新的發現，加深我們對走神的理解。例如研究人員證實，隨著年齡增長，走神的情況減少，主觀的幸福感會提高（Jackson & Balota, 2012）。年長者回報走神的次數較少，而且走神時大多出現開心的想法。最晚近的一項研究，採用第四章介紹的SART任務進行，研究人員能夠

以不同於哈佛幸福研究的方法,來重現結果。

個性與走神

在走神的研究中,還有一個重要且具啟發性的主題,就是走神與個性的關係。研究顯示,大約有50%的個性可歸因於遺傳(Jang et al., 1996)。我們如何知道這點?

研究人員找來生長環境不同的雙胞胎,測試他們的個性。雙胞胎共享的個性特徵,便能歸因於他們的基因;天生就有,而非後天養成。如果走神的傾向可能部分由基因所決定,那就值得注意了,只可惜目前沒有這方面的雙胞胎研究,但是接下來,我們會看到其他相關研究。

五大特質

　　心理學家通常考慮五個主要的性格特質：親和性（agreeableness）、盡責性（conscientiousness）、外向性（extraversion）、開放性（openness）和神經質（neuroticism）。「五大性格問卷」可以用來評估這些性格特質，並分成簡短和長一點的版本。還有許多其他性格評估方法，但該問卷最受歡迎，經常用來評估個性與走神的關係（Muller et al., 2021）。

　　我們先來看簡短版的五大性格問卷，再來探討個性與走神的關係，你也可以測試一下，確認自己在這張圖表的位置。首先，我們會描述每種性格特質，然後介紹它們與走神的相關性。如果我們知道哪些個性容易走神，就能針對這一類的人，制定具體的策略，減少他們走神的次數。

測驗：你的親和性

五大性格特質的第一個是親和性。所謂的親和性，關乎信任、利他、善良和親切；這也和社會和諧有關。研究發現，女性在親和性的分數比男性高。

為了自我測試，請思考以下兩句話：

1. 我認為自己傾向信任別人。

2. 我認為自己是會挑剔別人的人。

對於上述每一句話，如果你非常不同意，就給自己1分；有點不同意則給2分；不反對、也不同意則給3分；如果同意，給4分；如果非常同意，給5分。將第一個問題的分數，減去第二個問題的分數，就是你的「親和度」。分數愈高，在親和性量表的得分就愈高。

因此,要獲得高分,你必須容易信任別人(第一個問題得高分,例如5分),並且不會挑別人毛病(第二個問題得低分,例如1分);這樣的分數差最大(也就是4分)。如果得到零分,代表你的親和度屬於中性,而負分則表示你可能不是挺有親和力的人。

心理學家為何要把事情變複雜,而不直接問人們是否值得信任?理由是這些問題沒有正確答案,而且問題的表達方式非常重要。就算在親和性量表得到低分也沒關係,因為每個人都不一樣,並非所有人都要有親和力。這也是為什麼第一個問題是正面的表述,而第二個問題是負面的表述,或者套用心理學的術語「反向計分」(reversed-scored)。長一點的五大性格問卷,可能會列出更多關於親和性的問題,例如是否把別人的需求看得比自己的更重要,或有沒有同理心等。

　　其他性格特質又是如何?盡責性關乎自我控制,以及高度的思慮。這也是自律和調節衝動的能力。與年輕人相比,年長者的盡責性較高(Noftle & Gust, 2019);剛好與走神的傾向成反比,年輕人更容易走神。請思考以下兩句話,測試你的盡責性:

　　1. 我認為自己是一個「做事認真」的人。

2. 我認為自己「傾向怠惰」。

假設你對於第一個陳述,既不同意也不反對(得分為3分),而有點同意第二個陳述(得分為4分)。就與親和度的算法一樣,將第一個得分減掉第二個得分,就是你的盡責度分數,即3減4,等於-1。得分為負數,並沒有關係,可能代表你的生活缺乏結構,但是反而活得更快樂。

外向性的性格特質無需多做介紹,外向的人從他人的陪伴獲得能量。用於測試的陳述句如下:

1. 我認為自己個性外向,也善於交際。
2. 我是一個含蓄的人。

假設你非常同意第一句話(得5分),非常不同意第二句話(得1分),那麼你的外向度分數,就是5減1,等於4分,屬於非常外向的人。

最後兩個特質是開放性和神經質。接下來的章節會解釋，這兩個特質對走神的影響最大。所謂開放性，通常會對藝術感興趣、喜歡有新的體驗、結交新朋友、體驗新文化。心胸較不開放的人，喜歡專攻少數幾個特定興趣，有厭惡改變的傾向。神經質有幾個特點，包括悲傷、心情和情緒不穩定。如果你經常有負面情緒，那麼在神經質量表的得分會很高。

有關想像力和創造力的陳述，可以測驗心胸是否開放。以下兩句話，摘錄自簡短版的五大性格問卷：

1. 我認為自己是想像力活躍的人。
2. 我認為自己對藝術沒有太大的興趣。

如果要拿到高分，你必須認為自己的想像力很活躍（例如在第一個問題得5分），並且有強烈的藝術興趣（例如在第二個問題得1分）。如此一來，兩個分數差最大（以這個例子來說，會得到4分）。

現在來評估神經質,也稱為情緒穩定性。評分標準與上述一樣,請思考下列兩句話,盡量誠實打分數:

1. 我是一個放鬆的人,很會應付壓力。
2. 我是一個容易緊張的人。

記下你的分數。將第一個問題的分數減去第二個問題的分數,就是你的得分。

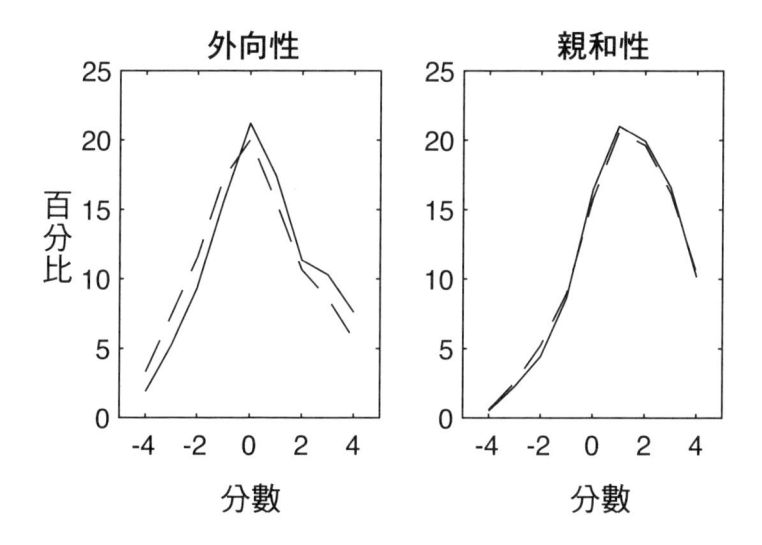

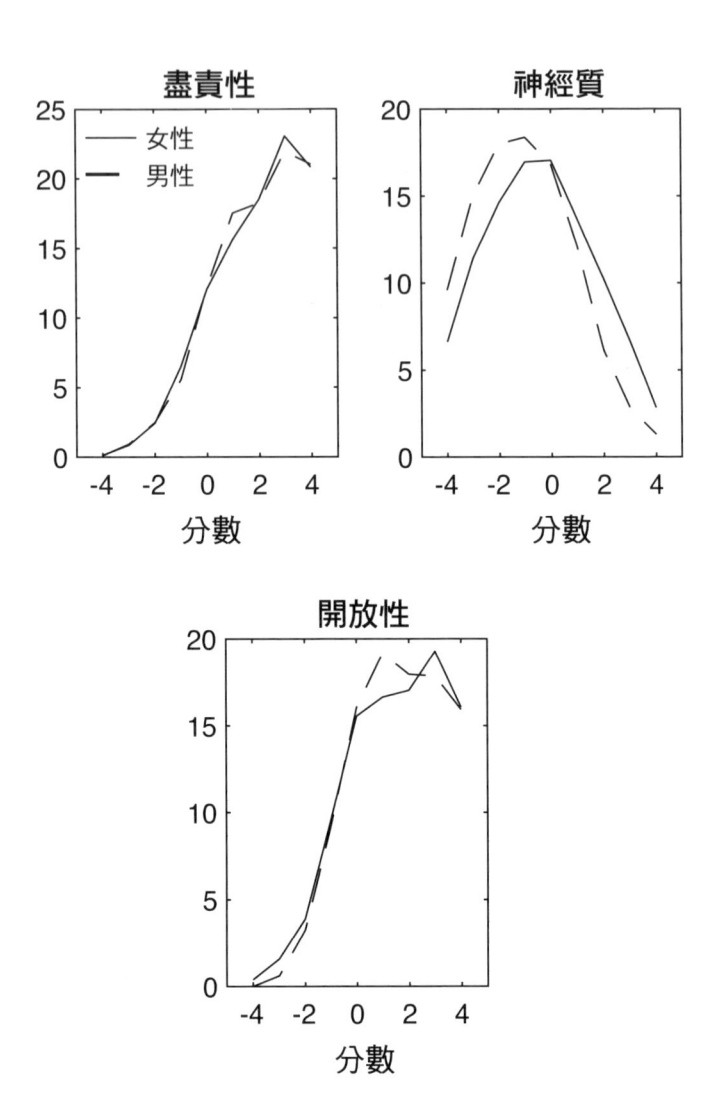

上面幾張圖的五大性格得分，從大約1,100位個人成長僻靜營的團員收集而來（Wahbeh et al., 2022）。得分介於-4到4之間，而大多數人的得分都落在-2到4，這取決於個性特質。將自己的分數，置於親和性、盡責性、外向性、開放性、神經質的曲線上，看看你與這群人相比是如何。

性格分數和走神

既然我們了解如何測量性格，我將解釋個性特徵對走神的影響。愈容易接納新體驗的人，走神的次數絕對比較少。科學研究發現，心胸愈開放，愈不容易走神（Baird et al., 2012）。

心胸愈開放的人，對自己的白日夢也愈有好奇心。在一些測試中，心胸開放的受試者會在諸如「我的白日夢不僅有價值，也很有趣」或「我會在白日夢中想像所有的問題都解決了」等問題上得高分。上述研究結果看

似有點矛盾，前面提及心胸開放的人不容易走神，但如果這些人更喜歡做白日夢，怎麼可能不容易走神呢？一個可能的原因是，在這方面得分高的人，只要當下情況允許或對自己有益，他們會走神和做白日夢，但如果是需要專注的情況，就可以保持專注。另一方面，心胸不怎麼開放的人，平常可能過度壓抑自己的想法。這種壓抑通常有反效果，我們稍後會看到，心胸愈不開放的人，反而更容易冒出不由自主的想法。

你腦海中的想法，也和性格得分有關。想必你料到了，親和力較高的人，容易浮現愉悅的想法。如果在親合度得分高，會比得分低的人有更多正面的想法。比方，經常想起愉快的回憶，或者令人期待的未來計畫，像是和朋友共度的美好時光，或正在規劃的假期。而盡責性愈高的人，也會有更多愉快的想法，只是這種關聯比親和性弱（Rusting & Larsen, 1998）。

神經質與走神

至於神經質的性格,情況正好相反。神經質得分高的人,常常有負面思維,容易想起往事,可能是沉浸於人生中悲傷的回憶,或者擔心未來的災難。憂鬱和焦慮的人也更容易走神,想起與往事相關的負面回憶(Joormann et al., 2012)。這是雙向的,所以那些經常走神,思緒飄到負面往事的人,自主回報的心情和幸福感也較低落(Smallwood et al., 2009)。

外向性和神經質的性格特質皆可預測思緒奔馳(racing thought)的出現(Watson et al., 1994)。經歷思緒奔馳時,每個想法都會快速地接連取代前一個想法:「我要去買菜。啊,對了,接著要去加油,還要回家做飯,諸如此類。」如果你在這兩種性格之一的得分較高,可能會對「沒錯,我現在的思緒就飄得很快」這句陳述深有同感。

走神、記憶和注意力

如果性格會影響走神的時間,那麼記憶呢?研究人員發現,記憶力愈好,走神的次數愈少。記憶力就是短時間記住概念的能力,假設要某個人背誦一組數字序列,包含十個數字,幾分鐘後要求他回憶這些數字,平均來說大約會記得七個數字。我們會說這表示他的記憶容量是七個項目,而在不同個體間會有差異。

如果接受工作記憶(working memory)測驗,測出來的記憶力愈好,走神的傾向就愈低(Kane et al., 2007)。這滿符合直覺的,因為記憶力比較好,就會記住手邊正在做的事,還可以一邊做其他事。換句話說,不太可能會忘記自己正在做的事。此外,還有另一個解釋,記憶力好的人,智商往往比較高,解決問題的能力更好。不過,記憶力和走神傾向的關聯,並沒有那麼強;雖然有關,但記憶力好的人,走神機率可能只比記

憶力差的人少了幾個百分比。

關於記憶容量和走神的研究,也支持了走神取決於情境的觀點。記憶力好的人可以依照任務的難度,來調節走神的狀態(Soemer & Schiefele, 2020)。在這些實驗中,研究人員會要求受試者記住一組物品,然後做決策。其中有一些任務比較簡單,不用太專注,因此記憶力好的人反而經常走神,可能是因為有時他們就算走神,也可以繼續完成任務。有些任務比較複雜,需要較多注意力,走神的次數就會變少,可見情境決定了走神的狀態。

注意力與走神

另一項研究顯示,走神的頻率(人們有多少走神的情況),與注意力強烈相關。注意力有各種類型,這項研究涉及的是看東西的注意力。研究人員同時發現,一旦開始走神,人們便會無法抑制自己的反應(Jana &

Aron, 2022）。舉例來說，有一項任務是，只要電腦螢幕出現綠點，就要按下按鈕。這項任務很簡單。然而，有時紅點會緊接在綠點之後，你必須不做出反應，或者要及時克制自己的動作。

日常生活中，經常有類似的情況，例如本來是綠燈，卻跳過黃燈，直接變紅燈。想像一下，你在開車並看到綠燈，當你正準備加速，燈號突然變紅，就必須趕快踩剎車。個性比較衝動及神經質得分高的人（透過五大性格量表測量），在這項駕駛測試中可能反應較慢，他們無法及時踩煞車，就會直接闖紅燈了。並不是因為他們情緒衝動，或者愛闖紅燈，而是這些人的頭腦無法及時偵測燈號變色，阻止自己加速。研究人員表示，無法克制反應的人，走神次數往往比較多（Arabaci & Parris, 2018）。原因之一，或許是他們無法像其他人那樣，迅速察覺自己該停止做某件事，無論是燈號變紅了，該立即停車，還是綠點換成紅點，該停止按鈕。當

思緒開始游離,他們可能也克制不了自己。

還有另一種注意力也與走神有關,就是在受到干擾之下,專心看東西的能力。假如周圍有很多令人分心的事物,卻要讓自己專心閱讀這本書,像是一邊搭捷運、一邊看書,你會保持專注,忽略周圍的動向,還是容易分心呢?空間注意力低下的人,走神次數往往比較多(Keulers & Jonkman, 2019)。直覺上,這很容易理解。如果你難以集中注意力,大概是因為很容易分心,而你的思緒就會開始漫遊。

結論

我們集中注意力以快速做決策,或過濾不重要的視覺訊息,這項能力與走神相關是有道理的。在這兩種情況下,只要懂得控制注意力,即使面對外部事件或內心想法的干擾,我們也不容易分心。

工作記憶與走神有關，也合乎邏輯。如果我們在記憶中保存更多內容，就更有可能牢記手邊的任務，一旦開始走神，也會盡快察覺到。當然，這些都只是針對特殊情境的推論，背後的認知機制沒那麼簡單，還有一些謎團尚未解開。希望未來有更多研究，深入探討認知與走神的關係。接下來，我們會基於本章的內容，介紹一些避免走神的技巧。

第九章

為什麼會走神？

想像一個不會走神的世界，你將全神貫注地觀賞引人入勝的電影，完全沉浸其中。如果不會走神，你恐怕很難從電影抽身；假設這部電影永不休止，你會忘記吃飯或睡覺。大多數人都有過這種經歷，進入「心流」的狀態，明明過了三小時，感覺卻像一小時，因為我們太專心做某件事了，任何理由都無法讓我們停止。

在這種情況下，走神反而會提醒我們一些事，例如該吃飯了。「我餓了」的念頭，不斷從腦海裡冒出來，背後的機制可能與走神類似。（這樣的念頭，屬於外部刺激的走神，因為肚子餓而觸發它。）

走神是正常的腦部功能

人腦經過進化,才會有走神的能力,以免思緒過度集中在某項任務上,讓生活中其他想法或重要事項,也有機會受到關注。科學家稱之為「注意力循環」(attentional cycling〔Mooneyham & Schooler, 2013〕),意指腦部必須定期從一項任務抽離,評估任務的進度,確認這件事是不是依然重要,並考慮是否出現其他優先事項或目標。

如此一來,注意力就會轉移到其他該關注的任務或目標,確保心理資源可以有效分配。有句話特別貼切:「你之所以走神,是因為腦袋在低語。」當你看電影時,思緒經常飄走,想著接下來應該做什麼。一旦冒出這些想法,你可能會開始懷疑是不是該關掉電影,然後去做其他事情。

事實上，比較不同年齡層的走神研究，支持了走神是演化優勢的觀點（Jackson & Balota, 2012），年輕人確實比年長者更容易走神。

年輕人的思緒可能比較活躍，因為花了更多時間來理解和解釋世界。舉例來說，理財對孩子來說是個難題，如果他們不時地將思緒轉向這個課題上，以權衡最佳行動方案的利弊，確實就有好處。相反地，年長者透過反覆試驗，累積數十年的學習經驗，走神就顯得多餘了；這是解讀走神功能的另一個線索。

另一個證明走神是正常腦部功能的跡象，那就是無論你多麼努力，通常無法完全克制它。如果你是靜觀的初級或中級生，持續練習靜坐，專注於呼吸，內心仍會忍不住冒出各種想法，可能是想起購物清單、人際關係，或者這次的靜觀狀態。即使忍住不去想，思緒還是會冒出來。

就連有數十年靜觀經驗的人,也唯有在三摩地的狀態(藉由靜觀達到的高度專注),才有可能停止走神數小時。這種不走神的清明狀態,非常罕見。即使是資深的靜觀者,最終還是會走神。

走神與創意

走神也和創意思維有關。科學家透過實驗發現,當我們允許頭腦走神,往往會更具有創意。請試試看以下練習。

練習：用走神激發創意

　　科學家設計了一些發揮創意的問題，例如隨手拿一件物品（如一塊磚頭），然後給受試者幾分鐘的時間，發揮想像力，想出該物品的用途。

1. 拿一張白紙和一枝筆,坐在安靜的地方,確定不會被人打擾。

2. 用智慧型手機計時3分鐘。

3. 想想看你能如何結合一般用途和創意想法,來使用圖中所示的物品。盡可能寫出這塊磚頭的多種用處。

4. 現在開始進行,之後再回到這一頁。

以下是我在3分鐘內想到的用途：

- 蓋房子
- 做成地板
- 建造擋土牆
- 當紙鎮
- 壓住防水布
- 如果你被困在車外，可以拿磚頭打破車窗
- 當腳凳
- 當錘子
- 當地面溼了，可以坐在磚頭上
- 用來舉重

你能想到的用途愈多，當下的創造力就愈高。

研究證實，看完圖片後，不妨讓自己放空幾分鐘，而不是專心做某件事，創意表現反而會更好。換句話

說,如果你允許自己走神,自然會想出更多有創意的答案(Baird et al., 2012),可能是因為頭腦面對問題時,會忍不住想解決它。走神的目的也在於此,憑藉這個機制,即使頭腦在執行任務,也可以繼續預測未來,或許正是人類的演化優勢。當我們的祖先在大草原上,被掠食者追趕時,必須找棵樹躲起來,在這種情況下,走神可能會幫助我們想出有創意的逃脫方案,或者在雙方對峙時占據上風。

走神會幫助記憶

形成長期記憶,是一段複雜的過程。記憶大致分兩種:外顯記憶(Explicit memory)和內隱記憶(implicit memory)。外顯記憶也稱為陳述性記憶(declarative memory),對應到我們回憶事實和事件的能力。外顯記憶需要刻意檢索,假設我問你,去年生日做了什麼,此時你需要集中注意力來回想這件事。試看看!你會集

中注意力,有時甚至要閉上眼睛,試圖回想事件背景,以及你當時在哪裡。說不定,你會想起自己收到什麼禮物。為了做到這點,可能要掃描一遍最近收過的禮物的記憶,然後從中篩選生日那天收到的禮物。這些記憶若隱若現,好像「話到嘴邊」,過一陣子才突然想起。

內隱記憶是後天養成的技能,例如閱讀、開車或演奏樂器,而且不用刻意努力。剛學會開車的人,一時之間會手足無措,不僅要密切注意道路周圍的物體,還要注意路況,預測其他駕駛人的反應,控制車輛的加速和轉向,並在正確的時機打出信號燈,這使得我們的感官超載。但隨著駕駛經驗的累積,開車就會變成第二本能,你的心會進入自動駕駛模式,就算沒有太專心,也可以應對複雜的路況,甚至還能做其他事,例如一邊聊天。開車這種行為,就是內隱記憶。凡是仰賴內隱記憶的事情,比如開車或演奏樂器,即使思緒飄走了,表現仍大致穩定。

與外顯記憶不同,我們無需付出任何努力,就可以存取這類記憶。當你開車經過十字路口,並不用拚命回想交通法規,本能就會告訴你該怎麼做。此外,失憶症患者可能會喪失外顯記憶,但依然保留內隱記憶,正因如此,科學家認為,這是兩種不同類型的記憶。失憶的人或許記不住生活中實際發生的事,但仍能保有閱讀和開車的能力。

睡眠期間的記憶鞏固

外顯記憶,像是一整天發生的事,是在我們清醒的時候,被儲存在海馬迴中,它是位於大腦深處的中央結構。在睡眠期間,這些記憶會被「鞏固」,這個過程會將新資訊從暫時、容易遺忘的狀態,轉變成更永久、穩定的形式,以供後續檢索。做夢有助於回憶當天發生的事,並刪除沒必要記住的記憶,例如你不需要記住一週前,你先啟動洗碗機,再吃晚餐這種事。

一系列實驗發現，當老鼠走迷宮時，會活化海馬迴特定的神經元序列，其實到了夜間，同樣的神經元序列也會活化。研究人員在白天把老鼠放入迷宮，觀察老鼠腦部神經元的活動，其中有一些神經元，只有在老鼠抵達迷宮特定位置時，才會活躍起來。科學家只要偵測哪些神經元活化了，就知道老鼠待在迷宮的哪個位置。到了晚上，科學家發現同樣的神經元序列又活化了，難道老鼠夢見自己正在走迷宮？此外，失眠的人記憶鞏固的能力會下降，這也證明了睡眠是記憶鞏固的關鍵。

微睡眠

　　科學界經常假設走神是一種微睡眠，腦部藉此來重播最近發生的事實和事件，並加強我們的記憶。當我們走神時，可能會回想起最近發生的事，或者當天計畫要做的事。因此，走神是不可或缺的腦部功能，如果刻意壓抑，反而會擾亂這個系統。假設有一種魔法可以消除

走神,那麼,任何剛形成的記憶恐怕都留不住了。

　　頭腦會利用睡眠時間,來清除一些廢物(細胞代謝等代謝過程的副產品,長期下來會累積在腦部組織中)。腦脊液是透明無色的液體,會在頭腦內部和周圍流動,順便把自由基和發炎因子等物質帶走。由此可見,睡眠攸關健全的認知功能,如果缺乏睡眠,恐怕會導致腦內廢物增加,以及各種記憶和認知缺陷,包括走神增加(Marcusson-Clavertz et al., 2019)。

　　睡眠不足的人,白天可能要透過走神來補償。研究發現,在睡眠期間,膠狀淋巴系統(glymphatic system,負責清除廢物的血管網絡)會變得更活躍,有效清除腦內的β-澱粉樣蛋白(beta-amyloid〔Xie et al., 2013〕)。另一項研究發現,清醒時讓自己休息和放鬆,比方做白日夢,也可能提升膠狀淋巴系統的活性,加強清除腦內的廢物(Fultz et al., 2019)。

動物也會走神嗎?

要研究走神的功能,是否有可能在動物身上進行研究並加以理解呢?人類很可能是在語言出現後,演化出做白日夢和走神的能力,因此還不清楚動物是否會經歷這些現象。研究顯示,某些形式的走神也會發生在動物身上。動物有心理時光旅行的能力(Roberts & Feeney, 2009),這代表牠們有某種長期記憶,而這些記憶會引導其行為。舉例來說,如果有遊客朝被圈養的猩猩丟東西,牠可能會撿起來,朝遊客扔回去。科學家還觀察到,黑猩猩會把遊客丟進來的東西藏起來,以免被管理員發現。這些都是新穎和有創意的行為,可見黑猩猩會計畫、思考,以及具有創造型走神的跡象。

回顧一下老鼠的例子,老鼠睡覺時,會想起白天走過的迷宮,活化特定的神經元。我們先前提過,做夢和白日夢都算走神,因此,這些動物可能也會走神。只不過,要詢問人類在想什麼,比詢問動物簡單一點,所以

未來的走神研究，應該會繼續鎖定人類。

走神與自我

當我們走神時，大多數的想法都是以自己為主角，以及講述自己的故事：「某某某對我做了那件事，我無法忍受，我必須想辦法反制。」這就是自我。稍後會探討該如何應對走神的心，也會提到我們反覆對自己說的故事，就像劫持腦袋的病毒。這些病毒為了續命，可能會趁我們走神時，重播相同的故事。

這也獲得神經科學的支持：任何想法都會活化腦內的神經路徑。活化它，就是在強化它。就像是鄉村的泥土路，如果沒有人走，很快地，大自然就會收回去了。然而，如果每天都有車子開過去，最終會有人決定鋪路，把它變成一條高速公路。神經路徑也是如此，某個念頭浮現的次數愈多，日後就愈容易想起來。與自我相

關的想法,最初可能只出現一、兩次,但如果我們注意到它們,就會不停地延續。換句話說,走神是這些想法得以維繫的一種方式。

現代人對自我的看法,其實源自佛洛伊德的理論。佛洛伊德認為,這是人格中特別有條理的部分,主要負責計畫,並且與理性和常識有關。這個派別把自我看成評斷的主體,但我們做任何評斷,不一定都會牽涉自我。當我們認定瓶子只裝了半滿,可能就與自我無關。自我是我們對自身進行判斷的部分,例如「只剩下半瓶水,一定是有人喝掉半瓶,太自私了吧,現在我口渴了。為什麼他們沒想到我?」這就是充滿自我的評斷。

東方靈修派別大多把自我看成問題,擔心會妨礙靈修;因此東方靈修者的目標之一,就是擺脫自我。這就與走神有關了,因為走神可能會維持自我意識,稍後再來探討靜觀對走神的影響。希望未來能有更多關於利己

和走神的直接研究,以證明兩者之間的關聯。

自我為何會進化

自我會進化,這很容易理解,而走神會鞏固自我,當然也會跟著自我一起進化。在一個弱肉強食的世界,資源有限,判斷型思維可能是一種優勢,可以壓制能力低落的競爭者。例如「我必須比別人更優秀,才可以成功」、「我不可以讓任何人超越我」、「如果我沒有贏,就是失敗了」。有這些想法,可能會讓個人爭取更多資源,並且將基因傳給後代。要是沒有這些想法,恐怕不會渴望更多的成就,社會也不會如此繁榮。

對東方的靈修和文化傳統而言,強調自我,就是在區分你我。在這些傳統中,一切都是緊密連結,包括自然、空間、時間和意識。任何與自我相關的思想,往往否定這些連結,僅呈現出敘述者的視角。因此,自我就等於利己。自私的人,總是先想到自己。以自我利益為

優先,背後的理念就是不用考慮別人。這也和「享樂跑步機」(hedonic treadmill)理論有關。在這樣的跑步機上,自我不斷追求快樂,雖然有一段時間會感到滿足,但不久後又開始追尋快樂。自我一直說服我們,只要獲得這個物品,或者晉升到這個職位,從此就能幸福快樂。這是謊言,因為當我們達到目標,又會開始追求另一個目標,本來以為有一百萬美元就會非常快樂,等到實現目標,就會需要一千萬美元。這些自我思維與白日夢有關,也就是本書開頭提及的不由自主的走神。我們做白日夢,會幻想自己擁有一切,到手之後,就會繼續幻想別的東西。

自我的鞠躬謝幕

對於自我的想法,以及走神時重播的故事或白日夢,大多是多餘的。初次從事某項運動,會開啟感覺、專注力和學習力,比方第一次衝浪,可能心想「啊,原來要這樣站在衝浪板上」或「站立時,如果不小心前

傾，就會摔倒」。這些想法與自我無關，但只要完成一次，可能忍不住心想「我做到了」。這個「我」就是自我，正在跟大家炫耀。靈性導師魯伯特・斯皮拉（Rupert Spira）將「我做到了」的想法，比作馬戲團表演完畢，小丑會代替其他表演者上臺謝幕。這個不由自主的想法根本是多餘的，我們本來可以默默享受這份滿足，因此「我做到了」的想法，沒有任何用處。

上述例子是正面的想法，但有些關於自我的想法是負面的。想像一下，你正在背痛。疼痛令人不快，除了經歷疼痛，你還會忍不住描述這份疼痛，「以後不能自由地做運動了，真慘！」這些不由自主的想法，令人不快和沮喪。正念老師兼研究者喬・卡巴金（John Kabat-Zinn）說過，疼痛本身是第一枝箭，而關於疼痛的念頭，就是「第二枝箭」。我們無法避免疼痛，但後續不由自主的想法，似乎都是多餘的。它放大我們感到的痛苦。這種走神就可以被控制，而且科學證實，經過控制

之後，能夠減輕痛苦。

這樣看來，自主的想法和走神之間，並沒有那麼容易區分，我們難以確定哪些想法是真正自主的。你還記得本書一開頭，介紹的幾種走神類型嗎？有些是不由自主，有些則是自主的。那麼，關於自我的想法（即想到自己）會不會像走神一樣，自然而然地進入意識中，而且可以被歸類為走神？走神時思緒當然會不由自主，因為在那個當下，我們大多想保持專注，不希望被這些思緒打擾。但是走神時，也會有自主的想法，比如想到自己。之前我們把思緒比喻成病毒，有的思緒神出鬼沒，愈是關注，就會愈強烈。對於自我的想法，可能在走神時浮現，也可能在自主思考時冒出來。我們真的能確定自主思考是自己刻意想出來的嗎？稍後再深入探討這個問題。

執著於自我的念頭帶來不快樂

當內心忍不住想到自我，不悅的情緒就會悄悄潛入。評斷式的想法，往往是不由自主的，因此也是走神的一種，這會令人不悅，因為做了任何評斷，都是在我們與世界之間築起一道牆。先前提過，專心做事時最快樂（Killingsworth & Gilbert, 2010），不會受到寄生的思緒干擾。當我們看著外在的環境，做了負面的評斷，心想著「我不喜歡今天的天氣」，就會破壞心情，這也屬於走神。至於正面的評斷，往往夾雜嫉妒或羨慕，例如想著「我喜歡這個人的衣著和外貌……」，言下之意是「希望我自己也能夠那麼美」。另一種是肯定自我的評斷，如「我的表現比那個人好太多了」，倒是會令人開心。只不過，這種滿足自我的評斷，背後仍隱含恐懼，擔心未來有失敗的一天，也害怕自己輸給別人。因此，任何對於自我的想法，無論是正面或負面，都會寄生在心中，並且讓我們不悅。

自我及對死亡的恐懼

　　不由自主、以自我為中心的走神，也會令人不開心，因為它圍繞著人類最深的恐懼，包括無常和死亡。為什麼？由於這些想法不僅指向無常的事物，而且思緒本身就是無常的。它來來去去，這一點非常重要。所有走神的思緒都是來去無常，當這些念頭隱含自我中心的思維時，思緒消失的那一刻，我們就會經歷一次小小的死亡。思緒消逝不見，我們會感受到自己的無常。我們思考的對象，往往也是無常的。就連有信仰的人，只要有肯定自我的想法（例如「我的狀態真好」），也會隱約透露未來的「我」，狀態可能不會永遠那麼好。當我們變老，外貌改變，通常不會是變好。這個思緒意指的「我」（看起來美麗的身軀），有一天也會死去。

　　資深的靜觀者會告訴你，如果要在心中尋找這個「我」，終究會找不到。這個「我」的概念，出自無常的思維，並不是真的。有些靜觀練習只沉思一個問題：

「我到底是誰？」並且連續好幾年，每天花幾個小時思考。當你用這種方式深入挖掘心靈，你會領悟到，你不等於你的想法。任何想法和概念都來來去去，而你不會。「我的狀態真好」，這句話提到的「我」，並不等於你本身。因而，「我」並不存在。任何對於自我的想法，都是在思考不存在的對象，而且竭盡全力不承認這個事實。就像病毒一樣，它們想抓住你的注意力，永遠待在你的心中，污染心靈空間並製造壓力。判斷型思維令人不快，而根源是走神時自發產生的自我中心思維。

開悟

　　東方靈修派別主張，人確實可以減少走神的次數，避免自我中心的思緒。這些門派最終的目標莫過於開悟，不再受制於自我中心的走神。開悟之後，仍然可以在世間思考和行動，以及有自己的意見和偏好，但是你面對自我中心的走神，並不會太在意，即使有人證明你是錯的，也不會動搖你的平靜和滿足。假設你開始走

神，腦海中冒出「我正在變老」的想法，緊接著還會冒出另一個想法，「這只是一個念頭，我可以明白，我遠遠超越我的想法，這只是一個從腦海中閃過的念頭罷了」。接著，你會繼續安於當下，心滿意足地活著，沒有任何思緒，也不會受到變老的想法所困擾。過了一段時間，「我正在變老」的念頭，甚至不會再冒出來。

我自己尚未開悟，要談論這件事並不容易。然而，大家都公認，開悟是一條終生的道路，而不是一個目標。享樂跑步機上的自我，才會拚命去追求目標。真正開悟的人，往往會乘著意識的波浪漂流，放棄以自我為中心的目標。如此一來，內心會真正的平靜和幸福。下一個部分，主要會介紹受到東方門派所啟發，並經過西方人改造的技巧，另外也收錄了一些練習，幫助你處理自我中心的走神思維，避免受到干擾。

PART 3

馴服心靈

第十章

處理揮之不去的思緒

　　人們傾向改變行為,卻不願改變自己。害怕改變是有原因的:真正的改變,是會變成一個完全不同的人。而許多人還沒做好這樣的心理準備,雖然口口聲聲說準備好了,卻緊抓著自己的身分不放,好像生命緊繫於此。然而,如果要馴服自己的心,必須有挑戰自己的準備。思緒無法說丟就丟,就像寄生在體內的生物,當我們試著放手(即使是負面的想法),仍覺得丟失一部分的自己。

你準備好了嗎？

　　大部分的人都是等到遇見困境，才開始認真思考該如何解決走神的問題。本書一開始分享了鮑比的故事，他有注意力不集中的問題。一個呼吸正常的人，根本沒必要改變呼吸模式，但如果有氣喘，或者因為焦慮導致呼吸不順，就是該解決問題的時候了，走神也是如此。還記得潔恩無法擺脫自己的政治信念嗎？她無意識地緊抓這些想法，因為那是自我認同的一部分，一旦放棄，就代表她的身分會死去。如果她感到絕望，並真正準備改變，就會有心面對自己及負面的走神模式。我在這個章節介紹的技巧，也可以處理你想要放下的負面想法。抑制走神需要付出努力，因此動機必須強烈。

　　本書沒有神奇的方法，但是會提供工具和支持，只要你準備好了，隨時都可以改變自己。我自己也用了這些工具，確實很有效。我還沒有完全達到內心平靜的地

步,不過比一開始改善很多了。這是一段終生的修行。

心智就是工具

在前幾個章節中,我們明白心智是研究走神的工具。研究人員詢問受試者的想法和感受,來確認走神的功能和動態。我們必須馴服自己的心,學會偵測和分析走神事件。因此,接下來的重點,就是訓練和馴服我們的心。

走神猶如病毒

我們之前提過,如同病毒般的想法在頭腦和內心作祟,讓我們一直走神。例如你老是想起「我想搭船去夏威夷度假」,那麼,當日常生活中有任何事物勾起這個想法,無論是在媒體看到,或者和朋友交談,這個願望就會浮現。可能每次聽到海洋、船、小島等名詞,你就會勾起這個念頭。當你做白日夢時,也會想到度假。雖

然這是正向的想法,卻在劫持你的心,令人感到不快樂（因為這個想法暗示著,現在的你不開心,除非能夠實現願望）。一旦你實現夢想,這些詞語就不會再勾起那個念頭。

上述例子大致是正向的,但負向想法也有類似的情況。例如「我覺得自己太胖了,因為我和叔叔一樣,吃太多冰淇淋。」觸發詞可能有叔叔、吃、冰淇淋和太胖。請參考下頁圖,這些名詞與身體感知有關,一旦想起自己或別人如何看待你,就會勾起該想法。每當你想起自己、叔叔、外貌或飲食,這個關於冰淇淋的負面想法就會浮現。

這種惡性循環純粹是心理層面,但也可能擴及身體層面。想法本身就是壓力源,可能導致焦慮的情緒,接著引發情緒性進食（emotional eating）,讓人狂吃冰淇淋。如下頁圖所示,想法與行為互相結合。這個令人有

壓力的想法冒出來,為了壓抑負面的情緒,我們拚命吃東西,結果體重增加,產生更多負面的想法。由此可見,想法會透過我們的行為和身體維持下去。

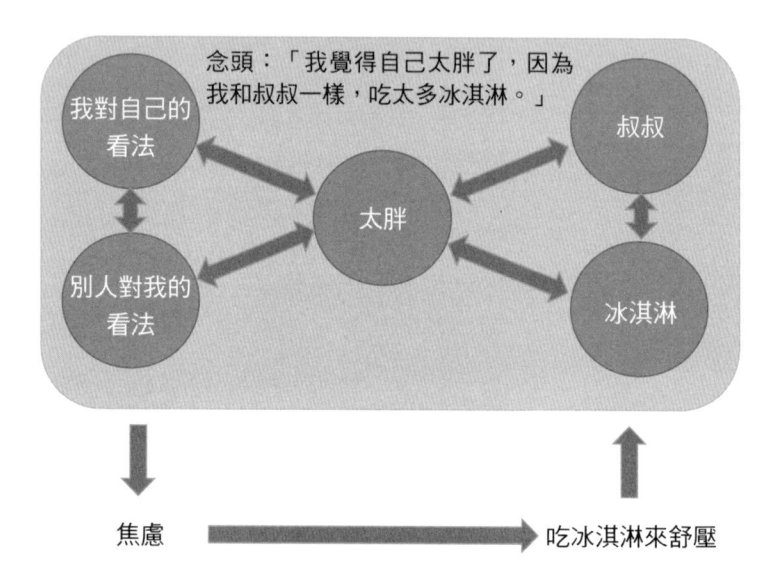

念頭:「我覺得自己太胖了,因為我和叔叔一樣,吃太多冰淇淋。」

我對自己的看法 ↔ 太胖 ↔ 叔叔
別人對我的看法 ↔ 太胖 ↔ 冰淇淋

焦慮 → 吃冰淇淋來舒壓

特定的腦部活動模式,也會強化這個想法。這些詞語／概念之所以息息相關,是因為有穩固的連結。一旦活化某個節點(某組神經元或特定神經元區域),就可

以活化其他相關的網絡。比方「叔叔」這個節點,與「冰淇淋」、「太胖」和「我」的節點互相連結,只要活化其中之一,都可以活化其他節點。

這種關聯的背後,還需要加強幾個腦區的連結,例如有關記憶、計畫和情感的腦區。當然,這樣解釋有過度簡化的嫌疑,因為要維持某個想法,必須動用腦內數百萬個神經元,並且強化數百萬個連結。不過,整個概念很簡單:當你經常思考某個負面想法,它就會在頭腦和內心建立更多的連結網絡,變得更牢固。

該如何擺脫這些想法?

上圖顯示了揮之不去的負面想法之動態過程,那麼,如果想改變這種情況,我們該怎麼做呢?想像一下,如果我希望你連續5分鐘,不要去想粉紅色的大象,無論願不願意,在這5分鐘內,你絕對會想到好幾次(或者想到你不應該有這個想法)。揮之不去的負面

想法就像這隻粉紅色的大象，不可能說消失就消失。當我們抑制這種念頭，反而會想個不停：為了不去想粉紅色的大象，結果我必須去思考它，這樣就違背了目的。愈想要克制，愈容易想起粉紅色的大象。

「重新評估」（reappraise）負面想法，是成功抑制的方法之一，先認清這些想法是錯的，或者會傷害自己和身體。在某種程度上，我們都知道這樣的想法有害，只是不清楚有多嚴重，一旦我們明白，就會「恍然大悟」。此時，神經機制才會真正啟動，來壓制這些想法，因為它不再受到某個節點的支持（例如「我真的這樣想」或者「這是我的一部分」）。通常需要刻意練習，才能降低負面想法的傷害，直到可以容忍的程度。

練習：重新評估想法

　　重新評估自己的想法，第一步就是充分覺察，請按照下列步驟去做：

1. 拿一張小紙條，寫下一直令你煩心、揮之不去的負面想法，例如「另一半不在乎我」。

2. 將紙筆放在口袋，接下來一整天，每當思緒飄到這個揮之不去的想法時，你就記上一筆。

3. 提醒一下，如果5分鐘內走神多次，合併計算為一次。此外，自主產生的想法也要算進來，例如另一半說了什麼話，而你在回應對方時，想起「另一半不在乎我」。

如果可以的話，連續練習幾天。即使只做一天練習，也會有些改變：我們的心靈是懶惰的，傾向於避免做這類練習。你的心可能會想，與其費力地記錄，不如直接克制這個想法。雖然你無法抑制這個想法（例如不去想粉紅色的大象），但是當它浮現時，做點額外的事情，就能夠降低其強度和頻率。

這個練習的另一個關鍵成效是，你會意識到該想法出現的頻率有多高，以及你在此浪費了多少時間。你也會明白，這個想法不是你的一部分，因為你並不想要它。當你理解這個想法不等於你，心靈就會受到激勵，決定放下它；如果它又冒出來，你會立刻反應過來：「又來了，請你離開，謝謝。」這個想法不再是你的一部分，你也不再認同它，那麼它就無法控制你了。

第十一章

認知重構法

認知行為療法（Cognitive Behavioral Therapy, CBT）可以訓練我們的心智，重構我們的想法。有許多思維方式會讓我們感到煩心，並造成問題，例如非黑即白的思維（black-and-white thinking）、災難化思考（catastrophizing）、過度概括（overgeneralizing）、責怪自己（personalizing，即個人化）。

這些都稱為認知扭曲。非黑即白的思維，意指面對周圍的人或環境，總認為非對即錯，沒有灰色地帶。政治兩極化就是很好的例子，我們會將對方的陣營妖魔化。同樣的情況也發生在親密關係中，堅信自己是對

的,對方是錯的。非黑即白的思維,就是「去人性化」(dehumanization),將對方視為需要解決的問題,而不是合作的對象。

災難化思考是把負面的小事看得太嚴重。鄰居態度無禮,便憤而想搬家,其實每週只有丟垃圾時會相見。過度概括是誤把個別的事件當成通則,例如「你老是不準時,害我們遲到」,雖然有時真的如此,但並非完全正確。責怪自己是把控制不了的問題,全部怪到自己頭上,比如突然淹水,沖毀你的菜園,然後你心想:「都是我的錯,如果上星期採收蔬菜,損失就不會這麼嚴重。」這些想法都有其目的:透過減少不確定性(如果我搬家,就不必面對鄰居),帶來暫時的安慰,或讓我們感覺自己是對的,進而強化自我。但是,這也助長惡性循環,導致我們更不快樂。

每個人多少都有認知扭曲的問題,不管是有意或無意,我們的想法總會隱含偏見。這時候,就需要認知重

構技巧，試著從不同的角度看事情。

認知行為療法

　　認知行為療法是透過你的治療師給予指導，幫助你分析自己的想法。例如，當你意識到自己對某人或某事有負面想法時，不妨問自己以下問題：

- 這個想法是基於情緒或事實？
- 如果是基於事實，這個事實有多準確？
- 如果這是真的，最糟糕的情況是什麼？
- 這是非黑即白的情況，還是存在灰色地帶？

　　舉個例子，假設你責怪另一半從不在乎你。首先，你要搜尋一些證據，然後可能會想起有一次，他決定去找朋友，而不是陪你。接下來，你要試著質疑自己對這件事的看法，評估是否有其他解釋的可能性。你能想到另一半關心你的反例嗎？

練習：認知重構

認知行為療法有一個常見的練習是「認知重構」，這個技巧經過臨床試驗，確實非常有效。你必須覺察和質疑那些負面或不合理的想法（被稱為認知扭曲），然後換成更平衡、準確的思維。

假如有個人對上臺演講感到焦慮，可能會出現認知扭曲，他會想著「一定會搞砸，到時大家會批評我」。這時不妨換個更務實的想法，像是「我已經有萬全準備，就算犯了一些錯誤，也不會是世界末日」。

我們來試試看：

1. 拿出紙筆，找一個安靜的地方，確保在接下來5分鐘內，不會受到打擾。

2. 選擇一個令你不安的想法,它經常不由自主地冒出來,然後寫在白紙上。

3. 至少寫一句話,來分辨這屬於哪一種認知扭曲:非黑即白的思維／災難化思考／過度概括等認知扭曲,句子的開頭會是「這是一個非黑即白的思維／災難化思考／過度概括的想法,因為……」。

4. 現在至少寫下兩句話,以符合現實的細緻思考,質疑最初令你不安的想法,並提供客觀的評估。

我經常想起「有太多事情要做,根本忙不過來」這件事,而讓我非常焦慮。這屬於非黑即白的思維,因為就算沒按時完成所有工作,至少也完成一部分了,所以只有一部分的工作延遲,並非一事無成。舉個例子,我答應在週末之前,交出這本書的修訂版,但是這兩個星期,我還要提交三份企劃案,來支付研究人員的薪水,我怕自己做不完。但我可以把想法變得更細緻一點,例如這本書幾乎完成了,企劃書也寫了一半,而且我不太會拖稿。另一個更細緻的想法是,就算沒有按時完成,也不是世界末日,沒有人會因此喪命。反正還有其他申請機會,而且我相信我的編輯會寬限我一、兩週。

接納與承諾療法

另外一個相關的技巧,就是接納與承諾療法（Acceptance and commitment therapy, ACT）,基本上也是思考重構,讓自己接受現況。

延續前面的例子，如果覺得另一半不在乎你，你應該好好想一想，為何自己如此需要另一半的關注。難道唯有這樣，你才會快樂嗎？快樂應該來自內在。當你領悟到，根本不需要其他人的接納，說不定會更享受對方的陪伴，反過來，對方也會更欣賞你。但這不表示，你必須維持一段有害的關係。你可能會發現，這段關係不再適合自己，然後決定離開，但不是因為另一半不在乎你。否則，你很可能會在下一段關係中，再次陷入相同的困境。

　　如果想要更了解認知行為療法，建議翻閱認知行為療法的操作手冊（Gillihan, 2018）。

練習：接納與承諾療法

現在來試試看簡單的ACT練習：

1. 拿出紙筆，找一個安靜的地方，確保你不會受到打擾。

2. 找出一個你一直在迴避的困難或痛苦經歷，又或者是想法。這可能是焦慮、恐懼或痛苦的回憶。用一句話寫下來。

3. 現在閉上眼睛。想像你手裡握著這個想法或經歷，就像拿著一顆氣球。在心中想像這顆氣球，氣球裡裝著這個想法。

4. 想像自己放開手，讓氣球飄向天空。想像這顆氣球在天空中。遠遠觀察這個想法或經歷，彷彿你從外面看著它。

5. 問問自己:「我想專注在什麼事情上,而不是這個想法或經歷?」想想看有哪些價值觀、目標或有意義的活動,可以帶給你更多的快樂、滿足和幸福。

6. 寫出你在接下來24小時內,可以做的三件事,這些事必須符合你的價值觀和目標。

7. 最後,放下原本的想法或經歷,對自己承諾,你會立刻採取行動。

　　這個練習會幫助你試著接受那些令你痛苦、不由自主的想法和感受,接著轉移注意力,導向對你重要且有意義的事情。如果想更了解ACT,請參考ACT操作手冊(Harris et al., 2019)。

第十二章

善用思維圖表

安東尼・路茲（Antoine Lutz）是我的朋友兼同事，他和合作夥伴一起設計了思維圖表（thought diagram），來展現人類的內心世界，以及如何探索這個世界。

第186頁有個簡化的版本，X、Y軸分別代表後設覺察和具體化（reification），交織成各種內心狀態。現在來解釋一下，後設覺察是對於自我思維過程的覺知。如果內心正在交戰，後設覺察層次較高的人，會意識到自己的想法和感受，並且可能靜觀其變，不輕舉妄動。相反地，後設覺察層次較低的人，會隨著想法和情感而行

動,無論它們有多大的破壞性。他們會完全相信當下的想法,事後才意識到自己反應過度。

具體化意指你是否相信對象是真實的,所謂的對象,包括物體、人和心理意象。具體化的程度,也是我們對自己想法的信任度。愈相信自己的想法,具體化的程度就愈高。

走神在思維圖表的位置

下頁圖中,不由自主的走神是一種後設覺察偏低的心理狀態,因為我們通常沒有意識到自己在走神。假設我們發現自己不經意地走神,可能會決定繼續走神(這樣就成了自主的走神),或者決定重新專注於正在從事的活動。在這兩種情況下,只要察覺到不由自主的走神,就可能中斷它。

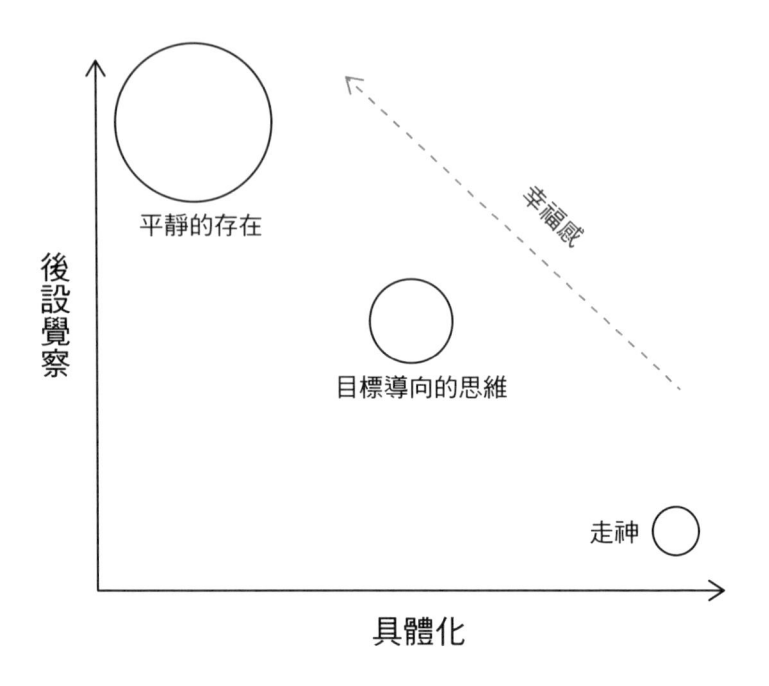

图中：
- 纵轴：後設覺察
- 横轴：具體化
- 平靜的存在（左上大圓）
- 目標導向的思維（中間圓）
- 走神（右下圓）
- 虛線箭頭標示：幸福感

不由自主的走神也被認為具體化的程度高，因為走神時，我們會相信自己的想法。我們不只是相信，還會加以內化，看成是自己的一部分。人在走神時，毫無批判性思考可言；我們的思考並不深入，只停留在表面。

自主的思維

目標導向的思維，其後設覺察的程度中等，例如在工作的情境中，我們會專心解決問題，清楚自己正在做什麼，也可以主動暫停這件事。相反地，走神時我們無法停止這些想法，因為根本沒察覺到它們。如果是目標導向的思維，我們對自己的想法和思考對象，認同程度通常比較低。這時候，思維只是達到目標的手段，而不是拿來定義自己。

主動列出購物清單，需要動用記憶，還要心算，以確認各種物品需要多少數量。這種意圖程度與下述情況有所不同：我們走神時想到明天要吃什麼，以及提醒自己去買奶油，並為了忘記早點買而心煩。當我們有意識地列出購物清單，奶油就只是抽象的物品；然而，走神時，奶油成了思考和關注的重心。自主的思維有系統、有組織，走神卻雜亂無章，充滿情緒。即使想著同樣的事情，沒有走神時，意識層級通常比較高，具體化的程

度通常比較低。

再解釋得更清楚一點,我曾經有一個想法,想必很多人也有,那就是希望另一半變成自己想要的樣子。這肯定是走神的範疇。這是不由自主的想法,具體化的程度非常高(因為我相信它是真的)。這些想法確實與我的行為有關,我試圖改變另一半,而她可能會反抗,就像如果有人想要改變我,我也會抗拒,所以雙方或許會爆發衝突。下次再有這種想法,我會試著質疑,而不是盲目相信它。這樣可以降低該想法的具體化程度,希望時間一久,我就能明白其實不需要改變另一半。相反地,我應該改變自己,成為更包容的人,接受另一半真實的樣子。

練習：覺察自己的想法、情感和行為

這個練習可以提升你的覺察力，意識到不由自主的心理狀態，深入理解你的想法、情感和行為之間的關係。

1. 仿效第186頁，畫一張X、Y軸的圖表，X軸代表後設覺察，Y軸代表具體化。

2. 花幾分鐘去反思最近一次冒出的不由自主的想法，並標示在圖表上，例如你的想法可能是高度具體化（你完全相信它是真的），而後設覺察的程度比較低（沒有意識到這個想法）。

3. 繪製了你的想法後，思考它與你的行為和行動有何關聯？你可能會發現，具體化的程度高一點，容易做出衝動或即時反應的行為，

而後設覺察程度高一點，就傾向深思熟慮。

4. 練習調整你的想法和情感，從原來的象限轉移到其他象限，例如你發覺自己的想法偏向高度具體化，那麼試著在思考時，盡量納入更多的後設覺察。你可以透過簡單地覺察自己浮現的想法和感受，然後遠遠地觀察，而不是完全沉浸其中。

5. 定期做這個練習，深入探索你的思維模式，學會管理自己的想法和情感。

　　這個練習是強大的工具，幫助你好好覺察自己的內心狀態，做好自我管理。

心流狀態等於愛

　　你可能早就注意到，圖中還有第三種狀態，稱為「平靜的存在」，它具體化的程度比較低，而後設覺察比較高。在這種心理狀態，我們會看著自己的想法來來去去，卻不會受到打擾。我們可能有負面的想法，然而，就只是像看著火車開過去：我們心裡很清楚，這些想法只是暫時存在，所以不會受到它的影響（靜觀者和懂得正念的人，都會認可這種方法）。

　　如果從未有過這種經驗，一時之間要聽懂，並不是很容易。最接近的例子大概是熱戀吧。這不是指經年累月對親朋好友的愛，而是一種短暫的初戀，我們會連續好幾個星期，自認為找到讓自己完整的人事物，而覺得無比幸福。在這種狀態下，聽到令人焦慮的消息，例如家裡被洗劫一空，即使不安，也不至於影響內心的平靜。我們在當下感到圓滿，任何負面事件及後續衍生的想法，對我們的影響不大。這種「平靜的存在」就像談

戀愛，只不過戀愛的對象是這個世界，並感受到滿滿的生命力。

當我們處於心流狀態，內心充滿著愛，具體化的程度非常低，已經看透事物和想法的無常。無論是負面或正面的想法，都不會影響我們。如果我們突然獲得一萬美元，那麼我們內心的平靜就和失去一萬美元那樣，都不會改變，因為一時之間的獲益或虧損，與當下的幸福無可比擬。我們領悟到，這些事件和想法都不會影響我們深愛這個世界。這聽起來很美好，但是如何達到這種狀態呢？我們可以利用本書的練習，並且學習其他方法來提升自己。這是一條漫長的旅程。

有關內容

第190頁的圖表中，有幾個大小不一的圓圈，代表意識的開口，換句話說，就是我們的覺察程度。與後設覺察類似，但主要關注心靈的內容，而不是面對內容的

態度（兩者確實有關聯）。我們走神時，意識的內容是狹隘的。我們沉浸於自己的想法，通常只有強烈的環境事件，才能轉移注意力。至於目標導向的思維，當下我們還有心思欣賞一段背景音樂，所以意識開口比較大。最後，在「平靜的存在」狀態下，意識的內容擴大了，人們不會隨便採納自己的想法，甚至會觀察不同想法的切換。

我並沒有標出反芻思維。反芻思維是一種刻意的走神形式，反覆重現同樣的想法。反芻往往與憂鬱或焦慮有關，通常是不由自主的想法，就算有意識也克制不了。這些消極的想法，定義了我們是誰。由於自我認同和想法的關係密切，這些想法的具體化程度，可能比一般走神更高，令人深信不疑。矛盾的是，因為我們通常會意識到自己的反芻思維，後設覺察的程度可能也比走神時更高，並且不認為它們像走神那樣不自覺。本章的練習有助於處理反芻思維。

本章提供的一些練習，能讓你從高具體化和低後設覺察的狀態，朝向低具體化（不讓外物定義自我）和高後設覺察（高階的正念）邁進，從而過得更幸福。如前所述，這需要持久的鍛鍊，不可能立刻見效。當你的認同不再受制於外物，也會改變你與財物、家庭、工作、喜愛的食物和嗜好之間的關係。你的意識可能想改變，但身體和潛意識將會拚命抵抗。接下來，會教大家如何應對這些抵抗。

第十三章

抑制走神的靜觀

本章探討靜觀與走神,大多數的靜觀練習,都會處理走神的問題,甚至把重心放在上面。我剛開始學習靜觀,是在曹洞宗的門派,我們要參研被稱為「公案」的謎題,例如「雙手拍掌,有聲音。那麼一隻手拍掌,是什麼聲音?」或「父母出生之前,你本來的面目是什麼?」靜觀者會沉思這些謎題,直到恍然大悟。有時候要經過數百小時的靜觀,才會知道答案(通常有共同的主旨:一切並非二元對立)。

答案本身並不重要,因為可能不只有一個,最重要的是,你得到了頓悟的時刻,而不是得到答案。當我做

這種練習時,大約只有四分之一的時間,專心想著公案。其餘時間,我的思緒都在飄蕩,想到一些隨機的話題。無論我多麼努力,都無法阻止這些念頭,真是令人灰心。我愈努力就愈煩躁,走神也愈嚴重。我以為是自己不懂靜觀,後來才明白,人心都是如此。唯獨經過整天的靜修,我的心偶爾才會平靜下來。

我們在這裡討論的內容,除了靜觀之外,也適用於任何需要集中注意力的持續性任務。不知為何,這總會讓我想起核子反應爐的監控人員。這些人隨時要保持警覺,確認反應爐有沒有問題,他們的工作需要高度專注力,可是重複性也很高,思緒必然會游移。因為心靈不聽使喚,他們可能比其他人更容易察覺走神的現象,就類似靜觀者試著專注於自己的呼吸。

在憂鬱症發作期間,人們也會發現自己的思緒漂浮不定,不服從個人意志。即使希望這些念頭可以消失,

反芻的思維卻一直占據心靈。

專注靜觀

　　數千年來，東方傳統流派致力於改進研究心靈的方法，因而形成各種不同的靜觀派別。聚焦專注靜觀（Focused-attention meditation）的練習，可以培養高度的專注力，聚焦於特定對象上，同時要提升後設覺察。咒語靜觀（Mantra meditation）練習，通常會默念咒語，可能是一個詞或一句話。當靜觀者專心念咒時，很容易發覺自己在走神。

　　至於其他類型的專注靜觀，強調非二元性。非二元性的練習，主張宇宙萬物相互連結、不可分割，並不存在自我和世界的區別。慈心靜觀也屬於專注靜觀練習，專門培養慈悲心，主要是心靈意象技巧。

如果你以為在過去幾千年，西歐都沒有這些練習，那就錯了。前言中提到，十四世紀基督教神祕主義文獻《不知之雲》，提及了祈禱時的走神。基督教祈禱、卡巴拉（kabbalah）和蘇菲主義（Sufism）都是西方的靜觀練習，分別屬於基督教、猶太教和伊斯蘭傳統，與東方的靜觀練習有許多共通點。只不過，學者往往偏好東方的靜觀練習，因為即使不相信或不遵守背後的教義，也可以做這些練習。它們包含一套系統化的心靈探索方法，與其說是宗教，更貼近西方心理學。

練習：坐禪靜觀

　　開放式覺察靜觀（Open-monitoring meditation）會同時觀察自己的內心，以及周圍的環境。在禪宗稱之為坐禪靜觀，通常直譯為「只是坐著」。想像一下，閉著雙眼或微閉雙眼坐著，然後聽到外面有小鳥在歌唱。鳥鳴聲成為你靜觀的對象。現在想像你正在思索這歌聲有多麼美妙，你的感覺有多麼美好。感覺良好的念頭及相關的感受，都會成為靜觀的對象。進行開放式覺察靜觀，不會受到干擾，因為干擾本身會立刻變成靜觀的對象。

　　當你進行開放式覺察靜觀，有時會跳脫出來，遠遠看著不由自主的想法。你看著念頭來來去去，而它們並不等於你。當你領悟到，自己不等於這些念頭，你會很開心。這種靜觀需

要練習,就連有經驗的靜觀者,也無法完全掌握。

　　以下是5分鐘的開放式禪宗靜觀練習,步驟如下:

1. 用智慧型手機計時5分鐘。

2. 找一個安靜、舒適的地方坐下來,背部挺直,閉上眼睛。用鼻子深吸一口氣,閉氣幾秒鐘,慢慢從嘴巴吐氣。

3. 專注於呼吸,感受每次的吸氣和吐氣。

4. 任由你的心冒出各種想法、感受或感覺。無論有什麼想法,都不要評價,只是看著它們來來去去。

5. 如果你的心神開始漫遊,只要重新集中注意力,回到呼吸和呼吸的感覺。

6. 接下來的5分鐘內,繼續做這個練習,觀察任何想法或感覺,一旦開始走神,就重新集中注意力。

7. 5分鐘結束時,深吸一口氣,然後慢慢睜開眼睛。感受一下,你的內心逐漸培養出活在當下和覺察的能力。

「只是坐著」聽起來再簡單不過了(確實如此),但仍然有難度,因為你的心無所事事,往往會到處遊走。「只是覺察」比「只是坐著」更貼切,當你做這種靜觀練習,重點是在覺察,而不是坐著。坐禪的當下,並不存在分心,因為意識到干擾是靜觀的焦點。

正念

　　上述的靜觀練習,歷史相當悠久,但也有現代的靜觀方法。1979年,喬·卡巴金開始研究正念的效果,他學過佛教靜觀,也是麻省理工學院的學者。他找來一組患有慢性病且藥物治療無效的患者,研究多種靜觀派別的效用,其方法就稱為正念。對於卡巴金來說,正念是「當下……升起的覺察,不做任何評價……主要是為了探索內心的想法。」他設計為期八週的培訓課程,要求學員每天進行簡短的練習,課程的最後要參加一次「僻靜營」,這是長達數小時的靜坐練習。這些課程可治療憂鬱症和減輕疼痛(Kabat-Zinn, 1990),被稱為正念減壓療法(Mindfulness-Based Stress Reduction, MBSR)和正念認知療法(Mindfulness-Based Cognitive Therapy, MBCT)。

　　現在已經被全球數千家醫院採用,如果你參加這些

課程,一開始會學習「正念吃葡萄乾」,接著練習不同類型的呼吸靜觀法。這些方法受到東方靜觀練習的啟發,有些甚至一模一樣。雖然治療小組每週只聚會一次,但在八週的上課期間,學員每天都要練習45到60分鐘的靜觀。

這些技巧已被證明可以減少走神。在一項關鍵研究中,研究人員邀請學員參加正念課,並觀察到經過兩週的培訓後,他們減少了與任務無關的思維。我們後面會回顧這項研究(Mrazek et al., 2013)。

練習：正念吃葡萄乾

讓我們試試看知名的5分鐘正念練習，來感知一顆葡萄乾：

1. 拿一把葡萄乾放在盤子上，用智慧型手機計時5分鐘。找一個安靜、舒適的地方坐下來，閉上眼睛。

2. 鼻子深吸一口氣，閉氣幾秒鐘，然後慢慢從嘴巴吐氣。

3. 繼續閉上眼睛，拿一顆葡萄乾放在手掌上。

4. 現在睜開眼睛，注意力放在葡萄乾上，觀察其形狀、顏色和質地。

5. 花一點時間仔細檢查葡萄乾，發現一些之前忽略的細節或細微差異。

6. 用拇指和食指拿起葡萄乾,靠近鼻子。深吸一口氣,認真聞葡萄乾的香味。

7. 把葡萄乾放進嘴裡,注意葡萄乾接觸嘴唇、舌頭和上顎的感覺。

8. 用心咀嚼葡萄乾,慢慢來,注意質地和味道。繼續咀嚼,注意味道有沒有變化。

9. 當你充分咀嚼,吞下葡萄乾,注意力拉回到呼吸上,注意你的身體感受。

10. 接下來的5分鐘,重複這個練習。

11. 如果你發現思緒飄走,把全部的注意力拉回來,關注在吃葡萄乾的體驗,並觀察升起的想法或情緒。

這個正念練習是簡單的方法,可以把注意力帶回當下,培養你對感官的覺知,幫助你意識到自己的走神。

寂靜之聲

試過曹洞宗的靜觀後,我又嘗試另一種禪修「臨濟宗」。這種靜觀派別會練習坐禪,前面提過,意思是「只是坐著」。你要試著覺察自己的想法、聲音和一切。干擾並不存在,因為有任何干擾,都會成為你靜觀的對象。你可能以為練習時,一下子就會意識到自己在走神。這種情況確實可能發生,但最常發生的是,心神已經開始漫遊,而你並沒有發覺。雖然這個靜觀練習是要意識並觀察自己的思緒飄走,卻經常做不到。當你冒出一些隨機的念頭,通常要30秒至1分鐘後,才會發覺自己迷失了。

其他靜觀派別

我還做了其他靜觀練習,包括內觀和咒語靜觀。我記得去印度拜訪了一位朋友,並參加拉馬克里斯納(Ramakrishna)門派的誦唱。大家擠在中印度胡布里

市的一間屋子裡，大約唱了一個小時。結束後，修行者問我，這與我練習的其他靜觀有何不同。我回答，感覺很類似。我進一步解釋，我的思緒會飄走，再繼續回來誦唱，然後又飄走。他面帶微笑。而我永遠忘不了那個微笑。

修行者練習靜觀來學習專注，同時培養鎮定和慈悲的素質，包容內心的任何想法；鎮定是內在的沉著，不起反應。當思緒飄走時，靜觀者被指導要去觀察，然後繼續靜觀，在我練習的其中一種靜觀，老師甚至建議學員，為我們心中的想法貼上標籤，比如「正想著晚餐」，接著繼續靜觀。

身為一個好勝的西方人，我堅決要克服走神的問題。甚至設計一個小小的應用程式，來計算靜觀過程中走神了幾次，每天都在努力降低次數。

接受自己的念頭

話雖如此,靜觀時思緒突然飄走,感覺還是不太好。即使老師提醒你不要評斷自己,但每天靜觀時,仍會在意走神的次數,不自覺地評斷自己。今天我能集中注意力,或者心思飄忽不定呢?如果思緒一堆,你也會覺得靜觀程度不夠深。作為靜觀者,你會忍不住想思考,就像有菸癮的人,忍不住想吸菸。你覺得自己在靜觀時,抗拒不了思考的衝動。儘管聽起來很奇怪,但這可能會成為壓力源。明明在靜觀,卻感到壓力,看似自相矛盾,但是確實會發生。問題就出在,無法接納自己靜觀時會走神這件事。

後來,我接觸另一種咒語靜觀——超覺靜坐(transcendental meditation),複誦一個詞或一句話,帶著強烈的意圖,不斷在內心思考和唱誦。這為我的靜觀練習注入新的活力。超覺靜坐主張,心靈就像一個湖

泊,想法則是從湖底冒出來的氣泡,擾亂著湖面。然而,這是好事,因為在靜觀過程中,想法得到**釋放**,這改變了我對走神的看法。

我學會這種方法後,就算靜觀時突然走神,也不再感到內疚。按照這個邏輯,如果走神的次數很多,反而有好處,因為有許多想法冒出來,並釋放它們的能量。這只是理論假設,目前還不確定能否獲得科學支持:在靜觀期間,走神的次數增加,會不會釋放更多負面想法,讓內心更加鎮定?無論這個主張的科學效度如何,它幫助我停止評價自己靜觀的能力。我終於可以邊靜觀、邊放鬆,就算經常走神,也沒有關係。

練習：正向靜觀

在這個部分，我希望你嘗試這種靜觀方法，正向看待每一次走神，試試看你會有什麼感覺。這是短暫的靜觀練習，以計算呼吸次數為主，練習接納任何走神的念頭：

1. 找個安靜、舒適的地方，坐下或躺下。用手機計時5分鐘，如果可以，就計時10分鐘。

2. 閉上眼睛，從鼻子深吸一口氣，閉氣幾秒鐘，然後慢慢從嘴巴吐氣。這是一回呼吸。計算呼吸次數，數到10，然後再從1開始。

3. 專注於呼吸，放下心中任何想法或擔憂。

4. 如果忘記數到哪，或思緒開始漫遊，不妨把你的心想像成一個平靜的湖泊。任何想法或

情緒就像浮出水面的氣泡，只要覺察就好。

5. 當你觀察每個想法或情緒，想像它從你的心中被釋放，任其消散能量，並融入空氣中。

6. 深吸一口氣，對自己重複這段話：「現在我已釋放這個想法，謝謝。」並重新計數。

7. 繼續練習5分鐘，專注於呼吸就好，一旦發現任何想法，就立刻釋放掉。

因為你感謝想法的到來，並釋放了它的能量，所以不會有任何評價，而讓它自然離開。例如，當你發現自己走神時想著：「為什麼現在要做靜觀？我有很多事要忙。這有用嗎？」當你注意到這個念頭時，就不會因為沒有好好靜觀而惱怒，而是感激這個想法釋放了它的能量。

靜觀與走神的科學

關於靜觀和走神的研究非常多，遠超過其他頭腦訓練法。這不代表靜觀比其他方法來得好，只是因為有很多人在做靜觀。2017年美國一項調查顯示，14%的成年人在練習靜觀（Burke et al., 2017）。在實驗心理學領域，這也是愈來愈熱門的研究主題，有許多關於靜觀和走神的研究，非常值得探討。

我們提過走神時頭腦會有什麼變化，事實上，頭腦會在專注和分心之間切換，無盡地循環。專心靜觀時，注意力還是會分散。雖然察覺到不由自主的想法，但沒有意識到自己分心了。直到某一刻，驚覺自己正在走神，這一瞬間就是「後設覺察」。

那麼，靜觀對走神有什麼影響呢？我針對這個主題，發表了首批實驗之一（Brandmeyer & Delorme,

2018），該實驗很簡單，我和學生找靜觀者一起合作，利用電腦語音定期打斷他們的靜觀，詢問他們是專心靜觀或者走神了。這項研究顯示，長期靜觀者比起中階練習者，走神次數確實較少，可見長期靜觀會減少走神的次數。

會得出這個結果，大概是因為專注力高的人更容易堅持做靜觀。倘若一開始學習靜觀，就比較少走神，自然有動力做下去，最終養成長期靜觀的習慣。相反地，老是走神的人，更有可能中途放棄。

為了證明靜觀會減少走神的次數，必須召集從未接觸過靜觀的人，比較他們靜觀前後的變化，有一群研究人員正是在做這方面的研究。他們讓一般人接受兩週的靜觀培訓（每天1小時），並觀察到走神次數減少了（Mrazek et al., 2013）。這是利用我們之前提過的思維探針法來測量，受試者在執行任務的過程中被打斷，並

回覆自己有沒有在走神。這項研究顯示，不僅走神次數減少，他們也更容易察覺自己在走神。其他研究也發現，在幾天到幾個月的靜觀練習後，走神的情況顯著地改善了（Rahl et al., 2017）。這些靜觀練習不盡相同，但大多涉及某種形式的正念練習。

* * *

先前介紹過認知行為療法及接納與承諾療法，靜觀也是類似的原理，都鼓勵我們從不同的角度看待自己的想法，並通過暴露（exposure）、消退（extinction）和再鞏固（reconsolidation），重新評價我們的想法。

通過靜觀練習，令人不安的想法會浮現──這就是暴露。靜觀時，我們不可能做別的事情，來逃避討厭的想法，因此更容易面對那些讓人困擾的想法。

消退是心理學的概念，意指想法逐漸淡化和消失。靜觀對於沒有那麼令人不安的想法特別有效。因為我們意識到這些想法反覆出現在腦海中，時間久了會感到厭煩。想像一下，你和同事在職場上競爭，但你可能不希望這個問題一直困擾你，尤其是在靜觀期間。

壓抑想法並不等於放下。真正放下代表，這個想法再也無法控制你。如前所述，試圖壓抑想法，可能會助長它。最後，再鞏固就意味著重新評估：對你而言，這個想法的意義已經改變。之前，如果閃過這個想法，你可能會感到嫉妒，但現在你覺得無所謂，甚至經過正向的重新評估，還能感受到愉快的情緒。

第十四章

你的想法,並不等於你

走神與呼吸非常相似。如果我們專心呼吸,就可以察覺到它,還可以在短時間內調節它,但如果拉長時間,就超出我們的控制。大多數減少走神的方法都是慢慢見效,必須持續鍛鍊自己的心,例如靜觀。

我們的功課

本書介紹的方法都有一個共通點:意識到你的想法並不等於你,尤其不是你走神時閃過的想法。這份領悟就是關鍵的第一步。你也許有過這樣的經歷,當某個想法突然出現,是關於令你羞愧或後悔的事。例如最好的

朋友升遷了，兩個不由自主的想法在腦海中打架。第一個想法可能是「為什麼她能升遷，而我不能？我明明更聰明！」另一個想法可能是「我是怎麼了？為什麼不能替她高興呢？」你確實愛你的朋友，而對於自己的嫉妒感到羞愧，但你控制不了那個想法。即使你不希望自己這麼想，卻不由自主地出現這個念頭。

當我們觀察心智的動向時，就會發現有些想法是我們無法控制的，它會自己浮現。當我們努力保持專注時，也會有同樣的體會；即使想完全專注，也無法阻止自己走神。

上一章介紹的心靈鍛鍊技巧，並沒有刻意強調「想法不等於你」。接下來要介紹的方法比較激進一點，會主張你的想法並不等於你。當這些念頭穿越意識流，你可以選擇要不要相信它們。

澄清一下,強調「想法不等於你」,其實是換個角度看世界。因為如果你的想法不等於你,那麼你究竟是什麼?這些方法多半來自東方的靈修靜觀門派,但也有一些例外。即使你不認同背後的世界觀,照樣可以使用。

為何無法停止相信自己的想法?

如果只是聲稱「你的想法不等於你」,並無法阻止我們相信這些想法。下面會介紹幾種技巧,有些是基於靜觀,有些基於臨床實踐,有些則是基於靈修,都是為了幫助我們擺脫自己的想法。

拜倫・凱蒂(Byron Katie)的功課(work),屬於認知重構技術,幫助我們領悟「想法不等於你」(Katie, 2002),尤其當不由自主的想法一再閃過腦海,而你真心希望這些想法消失,凱蒂的方法就特別管用。(大家都認為凱蒂的方法是一種靈修,但我個人認

為也可以在非靈修情境中使用。）

首先,挑選一個令我們不安的想法(最好先挑選不安程度中等的想法)。這個方法很簡單,只要深入思考下列四個問題:

1. 這是真的嗎?
2. 你可以百分之百確定這是真的嗎?
3. 當你相信這個想法時,會有什麼反應?
4. 如果沒有這個想法,你會是怎樣的人?

舉個例子,你對某個人有強烈的負面情緒,比如你認為是壞蛋的某個政治人物。第一個問題的答案可能是「沒錯,這是真的。這個人是邪惡的,做了一些壞事」。然後,你認真思考第二個問題,以及確認這個想法是否完全正確,你可能會想「很多人信任那位政治人物。我不認為他真的壞到骨子裡,或許他只是被迷惑

了,或者他的選民被蒙蔽。我不覺得他的支持者都是壞人」。或許你還會想到,這位政治人物可能也愛他的家人,所以第二個問題的答案通常是「我無法確定這是百分之百正確」。第三個問題是當你相信這個想法時,會有什麼反應,你可能會發現「我花那麼多心力去憎恨和鄙視那個人。每次我有這個想法,渾身都感到緊繃」。因此,你會理解這個想法徒增壓力,並對你有害。然後,最後一個問題是如果沒有這個想法,你會是怎樣的人,你會想「如果沒有這個想法,我可能會更放鬆。如果不把精力花在這個想法上,可能會更快樂」。這就對了!最終的領悟及反覆的練習,讓你明白這個想法實際上是一種壓力,並決定不值得繼續保有它。

練習：功課

- 讓我們暫停手邊的事，專心練習。拿一張紙，寫下你堅信的事。現在閱讀第一個問題。閉上眼睛，至少思索30秒，直接列出你堅信的理由。

  (1) 這是真的嗎？

- 完成後，睜開眼睛，閱讀第二個問題。再次閉上眼睛，至少思索30秒。

  (2) 你可以百分之百確定這是真的嗎？

- 完成後，繼續第三個問題。

  (3) 當你相信這個想法時，會有什麼反應？

- 以同樣的方式，思考第四個問題。

  (4) 如果沒有這個想法，你會是怎樣的人？

這段內容無法取代拜倫・凱蒂的書和工作坊（Katie, 2002），如果你覺得這個方法有效，歡迎你閱讀那些書籍。

　　另外，針對每個問題，我都喜歡思索30秒，但拜倫・凱蒂則建議思索幾分鐘，其目的是為了針對自己的想法和信念，進行深入和誠實的探索。不過，我喜歡縮短思考的時間，先快速想過一遍，再回到第一個問題，然後多次反覆這個過程。

功課與認知行為療法

儘管上述問題看起來像是認知重構，但是有根本上的差異。認知重構是一種技術，讓人們能夠減少對自己的想法的認同，最終重塑這些想法。然而，拜倫‧凱蒂和其他靈修方法，主張所有想法都只是幻覺。因此，不管你的想法和信念是負面或正面，都可以用這些方法處理。對練習者來說，無論想法令你不安或愉悅，都必須區分自己和自己的想法。從中學習到，人的存在超越任何想法。

有一個關於拜倫‧凱蒂的著名軼事：有人在沙漠中，用槍指著她。一般人碰到這種情況會恐懼，閃過各種念頭，但是她沒有。相反地，她看見當下的美好，並對將來會發生的事充滿好奇。這個故事很值得一讀（Katie, 2002）。

第十五章

與身體感覺合作

另一種認知重構的方法涉及身體感覺,對於掌握和理解走神,這是非常有力的方法。不僅可以減少擾人的想法,還能讓我們明白這些想法就藏在身體裡。我在加入聖地牙哥的禪修中心之前,曾經使用過這種技巧,而我的禪師也向所有學生推薦它。當你準備好了,這會是一門終極技術,可以讓你放下揮之不去的想法。

身心之間的聯繫

這種方法假設我們的頭腦和身體並非分開的,有許多想法都是源自身體,尤其是走神時浮現的念頭。科學

家也證明了心靈／頭腦與身體之間,存在雙向交流。例如有研究表明,壓力會影響免疫系統,並增加生病的風險(Cohen et al., 2007);做正念靜觀練習,確實會減輕壓力,改善免疫功能(Davidson et al., 2003)。同樣地,科學研究證實多活動筋骨,會改善腦部功能,降低認知衰退的風險(Erickson et al., 2011),而認知訓練之類的心理鍛鍊,也可以提高身體表現(Seeman et al., 2001)。這些發現都表明身心密不可分,對身體或心靈的任何干預,都有可能改善另一方。

日常生活中,我們常說「胃打結」、「喉嚨卡卡」或「內心沉重」。二十世紀初,知名的心理學家威廉・詹姆斯也曾經主張,情緒與身體反應有關。大約在三十年前,知名神經科學家安東尼奧・達馬西奧(Antonio Damasio)改良這個模型,提出軀體標記假說(somatic marker hypothesis〔Damasio, 1994〕),認為身體首先對情緒做出反應,而情緒是對我們身體反應的詮釋。如

果你害怕某件事,腎上腺素就會飆高,你的心跳加速,隨後才會感到恐懼。依照該理論,是身體引發內心的恐懼,而不是情緒激發身體的反應。

舉例來說,如果某個想法讓你感到背部緊繃,那麼背部緊繃的感覺,就是該想法記憶的一部分。這個想法不僅活在你的腦海中,也在你的背部。有一些研究支持這個假設,比如,患有「單純自主神經功能衰竭」(pure autonomic failure)的人,一部分周邊神經系統會受損。他們面對恐怖情境時,血流、心率或出汗都不會有變化。換句話說,他們的身體並沒有情緒反應。主觀而言,他們不會像一般人強烈地體驗到情緒,處理情緒的大腦區域活動也會減弱(Critchley, 2002)。由於他們的身體對恐懼沒反應,所以對恐懼的主觀感知明顯降低。因此,情緒可能存在於我們的身體中,而大多數想法都帶有情緒的色彩。

有一種技巧就是善用身心之間的關聯。物理學家兼企業家萊斯特・萊文森（Lester Levenson）自創瑟多納釋放法（Sedona Method），據說他的冠狀動脈心臟病第二次發作時，醫生預測他只能活幾個星期，於是他靠著瑟多納釋放法，多活了四十二年。其原理類似拜倫・凱蒂的「功課」和認知重構法，它需要關注某個想法（通常是負面的），並自問三個簡單的問題：

1. 我可以放下這種感覺嗎？
2. 我願意放下這種感覺嗎？
3. 什麼時候？

做這項練習，你要放下的不是那個想法，而是與它有關的身體感覺。先寫下一個負面想法，例如「我討厭某個政治人物」，然後躺下來，閉上眼睛並一直想著它。這時候你有什麼感覺？你身體的某個部位是否感到緊繃，比如喉嚨、手臂或胸腔？一旦你確認了身體相關

的緊張或感覺,就放掉這個想法(儘管它可能會留在你的心中)。然後,將上述三個問題應用於身體的感覺上。這個方法聽起來或許很簡單,卻非常有效。讓我們一起嘗試下面的練習,但在開始之前,必須了解更多關於如何處理感覺的知識。

與身體的感覺合作

再回到那個邪惡政客的例子。閉上你的眼睛,掃描全身,你發覺胸口沉重。接著問自己第一個問題:「我可以放下這種感覺嗎?」通常這是其中最簡單的問題。胸悶往往令人不適,你當然不希望再有這種感覺。你不需要立刻放下這種感覺,只是考量在理論上是否能放下它。比方你擁有一個物品,如果要求你放下,你做得到嗎?或許答案是「可以」,主要因為這只是假設,並沒有要求你真正放下。對感覺的態度也是如此;我們通常有意願放下,尤其是一些令人不悅的感受。

放下感覺

第二個問題是關於願不願意放下。這不太是假設性的問題;問自己這個問題時,你想像沒有這種感覺會是什麼樣子。這部分假定你有選擇保留或放下這種感覺的餘地。(這顯然只適用於與想法相關的感覺,而不是像慢性疼痛這樣的情況,那不是你可以選擇的。)

這種感覺令你不舒服,但一想到要失去這種感覺,你仍會感到一陣空虛。即使是你討厭的感覺,它還是你的一部分。很抱歉,我要舉一個殘酷的例子,你就會明白了。想像一下,你的雙腿血流不順,已經開始壞疽,必須立刻截肢。你願意切除雙腿嗎?理智告訴你,如果想活下去,這是更好的選擇,但是你恐怕會猶豫。你可能做不到,寧願放棄生命,也不願改變身體形象,讓自己喪失自主權。面對身體感覺,也會有類似的心情。放下身體感覺,勢必要放下一部分的自己,因此你可能難以接受。原本那份感覺雖然令人不悅,卻讓你感到「活

著」。頭腦還會在旁邊鼓吹你:「那份感覺其實沒那麼糟,可以帶著它繼續過日子。」換句話說,你的理智希望這種感覺消失,卻不願意放下。

最後一個問題非常實際,詢問你現在是否能放下,但你可能還想再多撐一陣子。我再強調一次,如果你還沒有準備好,與其強迫自己放下,不如誠實面對自己的感受。這些問題背後的原因,是為了讓你好好想清楚感覺與負面想法之間的聯繫。這三個問題可以總結為「深入**觀察**這個想法所觸發的感覺」,但被要求做出選擇,**會讓**你更有意願去觀察這些感覺(通常是令人不適的)。此外,回答這三個問題,如果有任何否定的答案,也沒有關係。對自己誠實,比放下感覺更重要。

放下想法

回答完第三個問題,再回到第一個問題。實際使用這個方法,我發現不會立刻見效。你很認真地處理想法

和感覺,而當下似乎沒有太大的變化,可是幾個小時後,你會感到深深的平靜。

這個方法對走神特別有效。走神時,不由自主地冒出負面的想法,往往是內心最大的擔憂或阻礙,即之前提過的反芻思考。瑟多納釋放法可以放下這些負面想法,當你以後走神,就不會再想起了,走神的次數說不定也會減少。而且走神時思考的內容,也會變得更優質,一併提升幸福感和滿意度。

瑟多納釋放法之所以有奇效,是因為一旦你真正放下感覺,這個想法也會消失。頭腦和身體之間有連結,使得這些想法生生不息,換句話說,這個想法同時存在於身體和心靈。一旦斬斷連結(透過意識到你不想再有那種不悅的感受),想法自然會消失。即使當你專注於感覺時,已經忘記那個想法,這一點仍然成立。

練習：瑟多納釋放法

以下是瑟多納釋放法的範例。

1. 拿一張紙，寫下某個不由自主的想法，它會讓你有壓力、不舒服、焦慮或憤怒。

2. 躺下來，計時5分鐘。

3. 當你想到這個令人心煩的想法，盡量感受體內的感覺或緊繃，大約持續1分鐘。這種感覺通常會令人不適。

4. 問自己以下問題：

a) 我現在願意放下這種感覺嗎？花30秒觀察，想要這種感覺消失，內心會有什麼感受？

b) 我能夠放下嗎？花30秒去想像放下這種感覺，內心會有什麼感受？

c) 我什麼時候可以放下?花30秒觀察,現在立刻放下是什麼感受?

5. 重複思考這些問題5分鐘,並且專注於身體感覺。

　　完成練習後,你應該會發現原本那個煩心的想法,對自己的影響似乎沒那麼強烈了。這只是瑟多納釋放法的基本範例(Dwoskin, 2003),還有許多變化和方法可以來實踐。

反覆問自己這三個問題，你可能會自願放下這份感覺，但是這樣還不夠。這種感覺和伴隨而來的負面想法，仍會捲土重來。因此，必須反覆練習，直到頭腦和身體重新適應。對我來說，負面感覺就好像體內住了一頭熊，驅趕一次還會再回來。唯有反覆驅趕，熊最終才會離開。

　　想法和感覺之間的反應和連結，經過數十年的制約，早已變成第二天性。這可能有相應的神經和荷爾蒙路徑，遍布於頭腦和全身。你必須花些時間調降神經路徑的強度，重整頭腦和身體。許多靜觀技巧也是相同的原理。科學家證實，如果練習靜觀，你會對身體感覺有更多的覺察，從而意識到它們與不愉快的想法之關聯。同樣地，這對走神也有幫助，隨著你放下負面想法，以後走神時，就不會那麼不安了。

處理棘手的想法

　　如果只是忍不住憎恨某位政治人物，這種想法比較容易放下。然而，當你面對內心的渴望、長期憤怒、人際關係等問題，就會變得具有挑戰性且難以抵擋。雖然你知道自己有哪些負面的感覺，但要你立刻放下，內心可能會抗拒或力不從心，因為它已經是你的一部分。關鍵就在於慢慢來，放得太快恐怕會有嚴重的副作用，對身心造成反效果，甚至引發極度的焦慮或恐慌。當你經歷這些情況時，可能會想重返舊習慣，即使那些習慣讓你不適，甚至破壞生活，你的內心卻誤以為，這比直接放下所引發的極端焦慮和反應要好得多。向前邁進需要很大的勇氣和毅力，但這些不適都是暫時的。不妨放慢腳步，先放下沒那麼棘手的想法，以避免劇烈的副作用。如果你能堅持下去，最終會養成新的習慣，大多數舊的想法會逐漸消失，你將感到更快樂，並且準備好迎接更多挑戰。

第十六章

幸福的技巧

　　馴服我們愛走神的心,目的是為了獲得更多的幸福或平靜。進行書中的練習,有時很難確定自己是否走在正確的道路上,即使我們做好改變的心理準備,身體和心靈仍會頑強抵抗。我們可能會經歷焦慮及強烈的身心痛苦,因為我們的存在本身,正在抗拒改變。然而,過了幾週或幾個月,一旦突破困境,往往會恢復正常,彷彿什麼事也沒發生。我們或許會更快樂一些,因為再也沒有破壞我們人生的那些限制了,只不過,生活中的問題依然存在。

幸福量表

確認我們是否在正確道路上的一個方法,叫做幸福量表(the happiness meter)。如果你已經付出很多心力,設法控制走神的心,對身心來說,這可能是莫大的負擔,而且你或許會追問自己,這樣做值得嗎?如何確定自己過得更幸福?幸福量表專門衡量人們有沒有變得更快樂,如果答案是肯定的,代表你走對了路。要知道我們是否幸福,可能只要觀察自己目前有多麼快樂和平靜,或者看看自己對工作和人際關係的滿意度,然後再和過去比較。我曾經研究靜觀和走神,因為我以為那就是幸福的關鍵。然而,我現在直接略過中間的環節,專門研究幸福。

幸福研究法(The Happiness Method)沒有那麼系統化,但是與幸福量表有關。此方法會定期(例如每個月幾次)評估我們正在做的事情,有沒有讓我們更幸

福。它也會結合其他方法,來判定這些技巧是否適合我們。幸福量表有助於擺脫負面思考,作為人生的依循。比如,你正在考慮該不該換工作,不妨比較以前和現在的幸福度,此時幸福量表就派上用場了。現在的關係是否比以前更好呢?幸福量表會告訴你答案。搬家是好主意嗎?透過幸福量表就知道了。你和親朋好友碰面的次數夠嗎?也是做幸福量表。

幸福量表的優勢,是能夠衡量人生各個層面。比如,你喜歡和家人相聚,他們卻常常令你抓狂。然而,你會感到內疚,並勉強自己花更多時間和家人在一起。身為家庭成員所帶來的滿足感,是否比遠離家人的念頭更令你幸福?專注於讓自己快樂的事物上,可以幫助你做出最好的選擇。這不僅適用於日常生活中的各種問題,也可以保持內心平靜,避免思緒漫遊。當你主觀衡量內心的平靜和幸福,就可以確認自己是否走在正確道路上。

我想舉個簡單的例子，聽起來有點荒謬。過去，我只閱讀會幫助我成長的書籍，包括自助書和科學書。然而，閱讀這些書時，我經常會走神。雖然從中學到不少東西，但這些書不一定有趣，所以我的思緒經常飄走。我曾經以為人生太短暫，不值得浪費時間讀小說。如今，我放下了這個信念，開始閱讀自己喜歡的小說，並樂在其中；閱讀的時候不再走神，讀書成了一種享受。我做了幸福量表，證明自己的選擇是對的，這件事讓我更快樂了，而且因為我變得更快樂，身邊的人也會更幸福。實際上，這也幫助我調節情緒，因為多了一個別人搶不走的「好地方」，能讓我沉浸其中，感到內心平靜。對有些人來說，這可能是跑步之類的嗜好，想必你發現了，待在好地方，就不容易走神。還記得哈佛幸福研究嗎？因此，避免走神的方法很簡單，就是找到令你專注、真正感到快樂的事。

練習：幸福研究法

以下是練習幸福研究法的範例：

1. 拿一張紙，畫兩個欄位，分別寫上「優點」和「缺點」，然後填入目前生活中，有哪些好處和壞處，可能是你的工作、人際關係、健康。

2. 現在，回想一年前，並將你列出的情況和一年前相比，或許你比去年賺更多錢，而且與另一半的關係更好（優點），但是你可能和新老闆的關係卡住了。

3. 想一想，你的生活可以做哪些改變，讓情況變得更好或更壞，並且對自己承諾，你會繼續提升生活的幸福感。

這個練習以內省為基礎，好好感受自己的幸福度，並沒有絕對的評斷標準。

什麼是幸福?

必須澄清一下,所謂的幸福,不是短暫的快樂。對我來說,幸福是內心長久的平靜。吃一口冰淇淋,當下確實會快樂,但是能帶來長時間的平靜嗎?

我們根據自己的認同和處境,做能力範圍內的事,儘管如此,有時我們走的路徑,甚至互相交會。放下閱讀「有用的書」,讓我過得更幸福,而換成其他人,情況可能剛好相反。這沒有對錯之分。有時候,人就是要犯錯,走錯路,才有機會通往平靜的道路。例如,如果我們認為換工作會更快樂,就應該去做,即使嘗試後,又回到原來的工作,這個過程仍有意義。因為走過這一遭,我們更認識自己,對於自己正在做的事,也會更知足,不再幻想去做別的工作。

* * *

讓我介紹一些研究表明會令人更幸福，卻不為人知的生活方式，下一章再來探討如何克制走神，並活得更幸福。你可能以為收入增加，人們會更幸福，事實上，除非原本生活貧困，否則收入增長，並不會大幅提升幸福感。生活在你信任的社區中，確實會更幸福（Lopez-Ruiz et al., 2021）。對自己的工作有信心，並且縮短工時，人們會更幸福。身處於大自然，人也會更幸福。換句話說，如果你原本有一份拿手的工作，住在你信任也喜愛的鄉村，突然有一份高薪的工作找上門，不僅壓力大，還要搬到不熟悉的市中心，你恐怕要三思而後行。我認為有很多因素都和走神的內容有關，雖然目前還只是假設。如果你生活在一個信任的社區，思緒就不用飄走，去擔心別人對你不利。如果你的工作壓力不大，或許思緒也不會經常飄走，去擔心事情可能出錯，你就會活得更開心。

第十七章

處理難以控制的思緒

　　如果走神的思緒過多,例如反覆想起你經歷過的創傷,一時之間要運用上述技巧,或許會覺得困難。而且可能引發極度的焦慮,讓你猝不及防。因此,我建議用下列方法來處理難以控制的思緒,包括反芻思考、強迫型思維和走神。這些技巧是為了分散注意力。當你被迫關注兩件事,一個是令你不安的思緒,另一個是你採取的行動,此時,令人不安的思緒就無法完全占據你的注意力,它會變得沒那麼可怕,並且更容易接受。

眼動身心重建法

　　第一種技巧叫做眼動身心重建法（EMDR），通常要在治療師的指導下進行。名稱聽起來複雜，其實非常簡單：只要盯著一個物體就可以了。這個方法要求你回想過去的創傷，同時練習眼動模式，治療師可能會讓你雙眼盯著一枝筆，但你不會被催眠。當你回想創傷經歷，同時讓視線跟著筆移動，就算想到了創傷，也比較容易忍受。一個假設是，我們的工作記憶容量有限。如果要求患者同時執行兩項任務，與創傷有關的圖像和感覺，就變得沒那麼可怕了，也更容易處理。時間一久，他們願意接納這些感覺，改變自己與創傷的關係。EMDR常用來治療創傷後壓力症後群（PTSD）。

情緒釋放技巧輕敲法

　　還有一種方法是情緒釋放技巧，簡稱EFT，可以處

理難以控制的思緒和感受。主要用一、兩根手指頭，輕敲身體各個部位，每秒敲個幾次，通常是瞄準神經密度高的部位，比如眼周或鼻下。目前仍不清楚為何有效，但是原理可能與EMDR相似，因為分散掉注意力，就不會沉浸在當下或過去的創傷記憶。EMDR和EFT都涉及眼睛或手指的隨意肌，但EFT還會利用指尖觸碰身體的某些部位來引發感覺。

練習：EFT技巧的變化版

這裡提供EFT輕敲法的變化版，全程大約需要5分鐘：

1. 確認你想處理什麼恐懼、焦慮、創傷或負面情緒。

2. 評估這個負面思緒的強度，最低0分，最高10分。

3. 計時5分鐘。

4. 如下圖所示，用兩根手指輕敲眼周，釋放負面情緒。

5. 每秒敲擊三到四次，每秒不可低於一次。輕敲時，手指沿著眼周繞圈。請注意，在敲打過程中，強度不一是正常的。重要的是保持

專注，持續地敲擊，強度會慢慢減弱。

6. 讓思緒停留在你選擇的負面情緒上，可能是恐懼、焦慮或創傷。

7. 持續5分鐘，直到計時完畢，或者情緒強度減弱。

8. 5分鐘後，再次評估負面思緒的強度，此時應該會減弱。

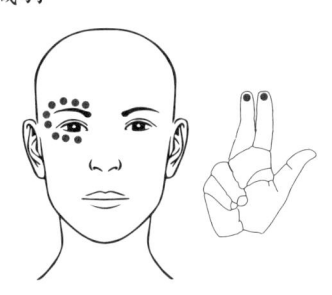

有些人可能還會使用EFT技巧，敲擊鼻子下方、下巴、鎖骨和腋下等部位——大多是針灸的穴位。

生物反饋療法

另一種已被證明有效的處理創傷方法，叫做生物反饋療法（Biofeedback），特別是Heartmath公司開發的方法。Heartmath出品的設備，會測量心率和心率變異性（心跳間隔時間的變化）。如果時間非常規律，往往不是好跡象，可能有心臟病發作的風險。相反地，如果心率不規律（在一定範圍內），代表啟動了副交感神經系統（身體的放鬆系統）。Heartmath設備會依照心率變異性，發出不同音調的嗶嗶聲。使用者的目標是產生與高心率變異性及放鬆狀態相關的嗶嗶聲。

我的精神科醫師朋友兼同事史蒂芬妮・哈斯索（Stephanie Hahusseau），和我一起做Heartmath療法的研究，我們趁著生物反饋療法期間，要求患者回憶不愉快的想法（Hahusseau et al., 2020），一邊回憶不愉快的想法，一邊強迫身體保持放鬆，就會逐漸接受這些想法。

其他方法

　　有趣的是，經過研究證實，跑步也能改善情緒健康和心理健康。背後的原理可能類似EFT情緒釋放技巧，像是回想負面的想法時，一邊感受節奏。因此，如果你的思緒飄向負面想法，此時不妨去跑步。

　　其他許多有效的行為治療法，也可以處理走神時那些不愉快、不由自主及普遍的想法。例如催眠暗示可以減輕與情緒相關的痛苦和壓力。迷幻療法（Psychedelic therapy）也被證實能夠重整心靈，使患者克服過去的創傷、憂鬱和成癮問題。清醒夢（Lucid dreaming）可以幫助人們面對並克服恐懼。如上所述，除了運動，重新連結體感及其與想法的關聯，都可以治療憂鬱症等精神疾病。

關鍵在於意願

是否能放下想法,改變自己,並成為一個更好的人,主要取決於個人意願。正在受苦的人聽到這段話,或許覺得殘忍,但我也承認改變並不容易。有一些極端的情況,甚至要有「赴死」的準備,才能夠繼續前進。因為,有一部分的你會消失,以迎接更美好的未來。

意願因素

我有一位好朋友早在二十多歲,就罹患雙相情感障礙(bipolar disorder),因而住院治療。罹患這種疾病,會在極度沮喪和極度亢奮之間擺盪。我朋友的問題之一,就是熱愛那些亢奮的時刻,唯有在那些時刻,他才能感受到活力,這對他的事業和私生活造成傷害。

在他亢奮時,特別善於交際,過度自信,經常無視一般的人際界限,每晚只睡幾小時。當亢奮時期達到巔

峰，他通常會做一些極度愚蠢的事，然後開始回落。接下來，他會憂鬱好幾個月。在我看來，他放不下對亢奮的渴望，以致每隔幾年就會復發。當他選擇進入亢奮的狀態，幾乎沒有回頭路，除非他跌入谷底。多年來，他終於領悟，這些亢奮狀態需要付出代價，所以開始主動抗拒。

走神時，思緒會飄到煩心的事情上，也是同樣的道理。如果真的有心停止這些想法，採用上述技巧，絕對會奏效。第一次可能需要深刻的觀察，但是時間一久，就會習慣成自然。一旦冒出與憂鬱有關的負面想法，頭腦會自動冒出：「不，謝謝！」前提是發自內心，有強烈的改變意願，如此一來，人生就會回歸平衡。我澄清一下，憂鬱的人並非自願憂鬱，而是剛好困在惡性循環。要走出這個循環，需要極大的勇氣、心力和毅力。

如何應用改變心靈的技巧？

上述技巧都不是魔法。我就和大家一樣,都要等到陷入危機,才會善用這些技巧,因為到了那個時刻,總覺得要做一些努力,來處理負面想法及侵入性的走神。既然你拿起這本書,我相信你已經準備好了,可以迎接改變。這些方法安慰過我和無數的人,因為就算陷入負面循環,我還是有這些工具能重新訓練自己的心智,讓它變得更好。

奇蹟療法可能奏效

當一個人準備好改變,任何方法或實踐往往只是催化的作用。換言之,改變的源頭,並不是這些技巧。唯有走到絕望那一步,才願意冒險一試。靈修導師艾克哈特・托勒(Eckhart Tolle)就是很好的例子。他差一點就要自殺了,那一刻,他才放下以前的不快樂、自我毀滅的想法和認同。他回想有一次搭地鐵,看到一位精神

分裂症患者大聲說出自己的負面想法。這件事讓他驚覺，他也是一樣瘋狂，思緒不斷飄向負面思維。後來，他頓悟了，終於放下負面想法及過去的認同，雖然長達一年多的時間，他都在公園的長椅流浪，內心仍感到極度幸福（Tolle, 2004）。

＊＊＊

現在大家明白了，偶爾走神是正常的，但過度和持續的走神會導致一系列的負面影響，舉凡生產力下滑、注意力減退、壓力和焦慮大增。所幸有各種技巧，可以幫助個人改善走神的習慣，減少走神次數。這些技巧都在提升覺察力，更加認識自我的思想、情緒和體感。練習覺察自己的思緒何時開始漫遊，就可以採取行動，重新引導注意力，並專注於當下。提升自我覺察力，也可以發現有哪些因子會觸發走神，例如壓力、無聊或疲勞，進而研擬策略，有效調控這些因子。此外，這些療

法有助於我們培養能力,包括控制注意力,讓我們長時間保持專注。當我們學會管控走神的傾向,就能妥善利用時間,減少壓力和焦慮,並提升整體幸福感。

結 語

　　光憑意志力，雖然無法永遠改變自己，卻是你採取行動，堅持長期練習的關鍵。你必須清楚自己為什麼要使用這些技巧，為自己設定可實現的目標。為了從中獲益，你必須堅持到底，定期練習。沒有這種堅持，很容易故態復萌，就算有進步，也難以維持。

我不等於走神的思緒

　　心是強大的工具，攸關我們的幸福，以及人生的圓滿：不由自主的想法和信念，塑造我們對周圍世界的看法，從而影響情緒、行為和整體幸福感。我們已經學會如何訓練自己的心靈，專注於生活中美好的事物，讓自己活得更滿足，更有成就感。

我們已經看到科學如何研究頭腦及其背後的原理，以及未來的潛力無窮。新科技和方法輩出，讓研究人員發現腦部功能的潛在機制，設法提升人類的認知表現和心理健康。當我們明白大腦是如何處理資訊，並回應各種刺激，就可以開發出更有效的干預方式和療法，來遏制負面的走神思緒。

靜觀、認知重構、以身體為中心的方法，確實有莫大的潛力，會大大改變我們對世界的體驗。練習正念，專注於當下，可以鍛鍊自我覺察力，學會臨機應變。關注自己的體感，學會識別和調節情緒，也能減少壓力、焦慮，以及其他影響生活品質的負面情緒。這些技巧都是強大有效的方法，能夠改善心理和情緒的健康。

* * *

最後，我想引用靈性導師魯伯特・斯皮拉的一句

話。斯皮拉是英國當代的靈性導師兼作家,他一直倡導思緒並不是真正的現實,而是意識螢幕上的圖像,一會兒出現,一會兒消失。他強調,思緒不過是一些心理事件,在意識場域來來去去,本身並不是現實。斯皮拉指出大家常犯的錯誤,那就是以為思緒等於自己,以為思緒是自己想出來的。在他看來,意識場才是真正的自我,任由思緒和其他心理感官經驗來去匆匆,時隱時現。因此,斯皮拉建議大家,認清思緒的無常和虛幻,就不會再認同自己的思想,也不會受到限制和折磨。他鼓勵大家觀察自己的思緒,但不要評斷,也不要執著,安住於更深層的覺察,包容一切的心理活動。

「思想,就像飛翔的小鳥,飛在意識的天空。在你無限的存在空間裡,時而出現,時而消失。」

——魯伯特・斯皮拉 (2021)

致 謝

　　這本書獻給我的妻子羅珊納（Rosanna），以及我兩個女兒琪雅拉（Chiara）和蕾莉（Leili），因為有她們，才有今天的我。獻給我的父母、兄弟和家人，以及我眾多的侄女和侄子，他們把家庭這個詞發揚光大。獻給我朋友布魯諾（Bruno）、派崔克（Patrice）、雷爾（Rael）、提姆（Tim）和史蒂芬妮，他們明知道我不完美，卻依然愛我。獻給我學術界的同事和導師，包括海琳（Helané）、迪恩（Dean）、蓋瑞（Gary）、瑪麗蓮（Marilyn）、史考特（Scott）、東（Dung）、西里爾（Cyril）、羅伯特（Robert）、費倫佐（Fiorenzo）、拉蒙（Ramon）、拉文德拉（Ravindra）、魯芬（Rufin）、米歇爾（Michele）和西蒙（Simon），他們給我靈感，教會我大部分的知識。獻給我以前的博士生

崔西（Tracy）、賽德里克（Cedric）、克萊兒（Claire）和羅曼（Romain），他們將人生如此重要的階段託付給我。獻給我的編輯貝斯（Beth）和喬（Jo），以及負責校對的凱特（Kate）和西塔拉（Sitara），感謝這些人的耐心，全力出版這本書。感謝我心目中的英雄喬納森，特地為這本書撰寫推薦序。最後，獻給我的靈性導師夏洛特・貝克（Joko Beck）和魯伯特・斯皮拉，一直指導我那顆走神的心。

參 考 資 料

Anderson, T., et al. (2021). "The metronome response task for measuring mind wandering: Replication attempt and extension of three studies by Seli et al." *Atten Percept Psychophys* 83(1): 315–330.

Andrews-Hanna, J. R., et al. (2010). "Evidence for the default network's role in spontaneous cognition." *J Neurophysiol* 104(1): 322–335.

Anonymous (2018). *The Cloud of Unknowing*, Boston: Shambhala Pocket Edition.

Arabaci, G. and Parris B. A. (2018). "Probe-caught spontaneous and deliberate mind wandering in relation to self-reported inattentive, hyperactive and impulsive traits in adults." *Sci Rep* 8(1): 4113.

Baird, B., et al. (2012). "Inspired by distraction: mind wandering facilitates creative incubation." *Psychol Sci* 23(10): 1117–1122.

Braboszcz, C., et al. (2017). "Increased gamma brainwave amplitude compared to control in three different meditation traditions." *PLoS ONE* 12(1): e0170647.

Braboszcz, C. and A. Delorme (2011). "Lost in thoughts: neural markers of low alertness during mind wandering." *Neuroimage* 54(4): 3040–3047.

Brandmeyer, T. and A. Delorme (2018). "Reduced mind wandering in experienced meditators and associated EEG correlates." *Exp Brain Res* 236(9): 2519–2528.

Brewer, J. A., et al. (2011). "Meditation experience is associated with differences in default mode network activity and connectivity." *Proc Natl Acad Sci USA* 108(50): 20254–20259.

Bremer, B., et al. (2022). "Mindfulness meditation increases default mode, salience, and central executive network connectivity." *Sci Rep* 12(1): 13219.

Burke, A., et al. (2017). "Prevalence and patterns of use of mantra, mindfulness and spiritual meditation among adults in the United States." *BMC Complement Altern Med* 17(1): 316.

Cahn, B. R., et al. (2010). "Occipital gamma activation during Vipassana meditation." *Cogn Process* 11(1): 39–56.

Chen, E. (1979). "Twins reared apart: A living lab." *The New York Times,* Dec. 9, 1979.

Cohen, S., et al. (2007). "Psychological stress and disease." *JAMA* 298(14): 1685–1687.

Collischon, M. (2019). "The returns to personality traits across the wage distribution." ... *Labour* 12165.

Critchley, H. D., Mathias, C. J., & Dolan, R. J. (2002). "Fear conditioning in humans: the influence of awareness and autonomic arousal on functional neuroanatomy." Neuron, 33(4), 653–663.

Damasio, A. (1994). *Descartes' Error: Emotion, Reason, and the Human Brain.* G.P. Putnam's Sons. https://ahandfulofleaves.files.wordpress.com/2013/07/descartes-error_antonio-damasio.pdf

Davidson, R. J., et al. (2003). "Alterations in brain and immune function produced by mindfulness meditation." *Psychosom Med* 65(4): 564–570.

Descartes, R. (1641). *Meditations on First Philosophy.* Hackett Publishing Company; 3rd edition (1993).

Dwoskin, H. (2003). *The Sedona Method: Your Key to Lasting Happiness, Success, Peace and Emotional Well-being.* Sedona Press.

Erickson, K. I., et al. (2011). "Exercise training increases size of hippocampus and improves memory." *Proc Natl Acad Sci USA* 108(7): 3017–3022.

Freud, S. (1908, 1962). "*Creative writers and daydreaming.*" in J Strachey (Ed.) *The Standard Edition of The Complete Psychological Works of Sigmund Freud.* London: Hogarth, Vol. IX.

Fultz, N. E., et al. (2019). "Coupled electrophysiological, hemodynamic, and cerebrospinal fluid oscillations in human sleep." *Science* 366(6465): 628–631.

Gazzaniga, M., et al. (1998). *Cognitive Neuroscience: The Biology of the Mind*, W. W. Norton & Company.

Gillihan, S.J. (2018) "Retrain Your Brain: Cognitive Behavioral Therapy in 7 Weeks: A Workbook for Managing Depression and Anxiety". Althea Press.

Groot, J. M., et al. (2022). "Catching wandering minds

with tapping fingers: neural and behavioral insights into task-unrelated cognition." *Cereb Cortex* 32(20): 4447–4463.

Hahusseau, S., et al. (2020). "Heart rate variability biofeedback intero-nociceptive emotion exposure therapy for adverse childhood experiences." *F1000Res* 9: 326.

Harris, R., Hayes, S.C. (2019) "ACT Made Simple: An Easy-To-Read Primer on Acceptance and Commitment Therapy". 2nd Second Edition. New Harbinger.

Irrmischer, M., et al. (2018). "Strong long-range temporal correlations of beta/gamma oscillations are associated with poor sustained visual attention performance." *Eur J Neurosci* 48(8): 2674–2683.

Jackson, J. D. and Balota, D. A. (2012). "Mind-wandering in younger and older adults: converging evidence from the Sustained Attention to Response Task and reading for comprehension." *Psychol Aging* 27(1): 106–119.

James, W. (1890). *The Principles of Psychology*. Henry Holt and Co.

Jana, S. and Aron, A. R. (2022). "Mind wandering impedes response inhibition by affecting the triggering of the inhibitory process." *Psychol Sci* 33(7): 1068–1085.

Jang, K. L., et al. (1996). "Heritability of the big five personality dimensions and their facets: a twin study." *J Pers* 64(3): 577–591.

Joormann, J., et al. (2012). "Neural correlates of automatic mood regulation in girls at high risk for depression." *Journal of Abnormal Psychology* 121: 61–72.

Kabat-Zinn, J. (1990). *Full Catastrophe Living: Using the wisdom of your body and mind to face stress, pain, and illness*. New York, Deltacorte.

Kane, M. J., et al. (2007). "For whom the mind wanders, and when: an experience-sampling study of working memory and executive control in daily life." *Psychol Sci* 18(7): 614–621.

Katie, B. (2002). *Loving What Is: Four questions that can change your life.* Crown Archetype.

Kaur, J., et al. (2021). "Waste clearance in the brain." *Front Neuroanat* 15: 665803.

Keulers, E. H. H. and Jonkman, L. M. (2019). "Mind wandering in children: Examining task-unrelated thoughts in computerized tasks and a classroom lesson, and the association with different executive functions." *J Exp Child Psychol* 179: 276–290.

Killingsworth, M. A. and Gilbert, D. T. (2010). "A wandering mind is an unhappy mind." *Science* 330(6006): 932.

Lazar, S. W., et al. (2005). "Meditation experience is associated with increased cortical thickness." *Neuroreport*

16(17): 1893–1897.

López-Ruiz, V. R., et al. (2021). "The relationship between happiness and quality of life: A model for Spanish society." *PLoS ONE* 16(11): e0259528.

Marcusson-Clavertz, D., West, M., Kjell, O.N.E. and Somer, E. A daily diary study on maladaptive daydreaming, mind wandering, and sleep disturbances: Examining within-person and between-persons relations. *PLoS One*. 2019 Nov 27;14(11):e0225529. doi: 10.1371/journal.pone.0225529. PMID: 31774836; PMCID: PMC6880993.

Mirsal, H., et al. (2004). "Childhood trauma in alcoholics." *Alcohol Alcoholism* 39(2): 126–129.

Mooneyham, B. W. and Schooler, J. W. (2013). "The costs and benefits of mind-wandering: A review." *Can J Exp Psychol* 67(1): 11–18.

Mrazek, M. D., et al. (2013). "Mindfulness training

improves working memory capacity and GRE performance while reducing mind wandering." *Psychol Sci* 24(5): 776–781.

Muller, M., et al. (2021). "Mind-wandering mediates the associations between neuroticism and conscientiousness, and tendencies towards smartphone use disorder." *Front Psychol* 12: 661541.

Noftle, E. E. and Gust, C. J. (2019). "Age differences across adulthood in interpretations of situations and situation-behaviour contingencies for Big Five states." *Eur J Pers* 33(3): 279–297.

Playfair, G. L. (1999). "Identical twins and telepathy." *Journal of the Society of Psychical Research* 63: 854.

Rahl, H. A., et al. (2017). "Brief mindfulness meditation training reduces mind wandering: The critical role of acceptance." *Emotion* 17(2): 224–230.

Raichle, M. E., et al. (2001). "A default mode of brain function." *Proc Natl Acad Sci USA* 98(2): 676–682.

Roberts, W. A. and Feeney, M. C. (2009). "The comparative study of mental time travel." *Trends Cogn Sci* 13(6): 271–277.

Rusting, C. L. and Larsen, R. J. (1998). "Personality and cognitive processing of affective information." *Personality and Social Psychology Bulletin* 24(2): 200–213.

Seeman, T. E., et al. (2001). "Allostatic load as a marker of cumulative biological risk: MacArthur studies of successful aging." *Proc Natl Acad Sci USA* 98(8): 4770–4775.

Seli, P., et al. (2018). "The family resemblances framework for mind-wandering remains well clad." *Trends Cogn Sci* 22(11): 959–961.

Sington, D. (2007). *In the Shadow of the Moon.*

Produced by Film4, Passion Pictures and Discovery Films.

Smallwood, J. and Schooler, J. W. (2015). "The science of mind wandering: Empirically navigating the stream of consciousness." *Annu Rev Psychol* 66: 487–518.

Smallwood, J., et al. (2009). "When is your head at? An exploration of the factors associated with the temporal focus of the wandering mind." *Conscious Cogn* 18(1): 118–125.

Smith, G. K., et al. (2018). "Mind-wandering rates fluctuate across the day: Evidence from an experience-sampling study." *Cogn Res Princ Implic* 3(1): 54.

Soemer, A. and Schiefele, A. (2020). "Working memory capacity and (in)voluntary mind wandering." *Psychon Bull Rev* 27(4): 758-767.

Spira, R. (2021). "What is awareness?" Rupert Spira's YouTube Channel.

Targ, R. and Puthoff, H. (1974). "Information transmission under conditions of sensory shielding." *Nature* 251: 602–607.

Taylor, V. A., et al. (2013). "Impact of meditation training on the default mode network during a restful state." *Soc Cogn Affect Neurosci* 8(1): 4–14.

Tolle E., (2004). *The power of the Now.* New World Library.

Tomasino B, Chiesa A, Fabbro F. Disentangling the neural mechanisms involved in Hinduism- and Buddhism-related meditations. Brain Cogn. 2014 Oct; 90:32-40. doi: 10.1016/j.bandc.2014.03.013. Epub 2014 Jun 27.PMID: 24975229.

VanRullen, R. (2016). "Perceptual cycles." *Trends Cogn Sci* 20(10): 723–735.

Wahbeh, H., et al. (2022). "Exploring personal

development workshops' effect on well-being and interconnectedness." *J Integ Complemen Med, 28*(1), 87–95.

Watson, D., et al. (1994). "Structures of personality and their relevance to psychopathology." *J Abnorm Psychol* 103(1): 18–31.

Xie, L., et al. (2013). "Sleep drives metabolite clearance from the adult brain." *Science* 342(6156): 373–377.

Zanesco, A. P. (2020). "Quantifying streams of thought during cognitive task performance using sequence analysis." *Behav Res Methods* 52(6): 2417–2437.

Zani, A., et al. (2020). "Electroencephalogram (EEG) alpha power as a marker of visuospatial attention orienting and suppression in normoxia and hypoxia. An exploratory study." *Brain Sci* 10(3): 140.

延伸資源

喬‧卡巴金，《正念療癒力：八週找回平靜、自信與智慧的自己》（*Full Catastrophe Living: Using the wisdom of your body and mind to face stress, pain, and illness.* New York, Deltacorte.）

Dwoskin, H. (2003). *The Sedona Method: your key to lasting happiness, success, peace and emotional well-being.* Sedona Press.

拜倫‧凱蒂，《一念之轉：四句話改變你的人生》(*Loving What Is: Four questions that can change your life.* Crown Archetype.)

思維科學研究所 YouTube頻道
www.youtube.com/@InstituteofNoeticSciences
魯伯特‧斯皮拉 YouTube頻道
www.youtube.com/@rupertspira

國家圖書館出版品預行編目(CIP)資料

走神:分心的科學,從不由自主到靜觀引導,鍛鍊持久的專注力/阿諾.德洛姆(Arnaud Delorme)著;謝明珊譯. -- 初版. -- 新北市:啟動文化出版:大雁出版基地發行, 2025.04
　面;　公分
譯自:Why our minds wander : understand the science and learn how to focus your thoughts.
ISBN 978-986-493-206-1(平裝)

1.注意力 2.健腦法 3.成功法

176.32　　　　　　　　　　　　　　　　　　114001924

走神
分心的科學，從不由自主到靜觀引導，鍛鍊持久的專注力
Why Our Minds Wander: Understand the Science and Learn How to Focus Your Thoughts

作　　者	阿諾・德洛姆博士（Arnaud Delorme Ph.D.）
譯　　者	謝明珊
封面設計	許晉維
內頁排版	菩薩蠻事業股份有限公司
業務發行	王綬晨、邱紹溢、劉文雅
行銷企劃	黃羿潔
資深主編	曾曉玲
總 編 輯	蘇拾平
發 行 人	蘇拾平
出　　版	啟動文化
	Email：onbooks@andbooks.com.tw
發　　行	大雁出版基地
	新北市新店區北新路三段207-3號5樓
	電話：(02)8913-1005 傳真：(02)8913-1056
	Email：andbooks@andbooks.com.tw
	劃撥帳號：19983379
	戶名：大雁文化事業股份有限公司
初版一刷	2025年4月
定　　價	550元
Ｉ Ｓ Ｂ Ｎ	978-986-493-206-1
ＥＩＳＢＮ	978-986-493-207-8 (EPUB)

版權所有・翻印必究 ALL RIGHTS RESERVED
如有缺頁、破損或裝訂錯誤，請寄回本社更換
歡迎光臨大雁出版基地官網www.andbooks.com.tw

WHY OUR MINDS WANDER: UNDERSTAND THE SCIENCE AND LEARN HOW TO FOCUS YOUR THOUGHTS by ARNAUD DELORME
Copyright: © 2023 BY ARNAUD DELORME
This edition arranged with Welbeck Publishing Group Limited
through BIG APPLE AGENCY, INC., LABUAN, MALAYSIA.
Traditional Chinese edition copyright:
2025 On Books, a division of And Publishing Ltd.
All rights reserved.